둥근 맘 둥근 빛 소식

기산 이현도 지음

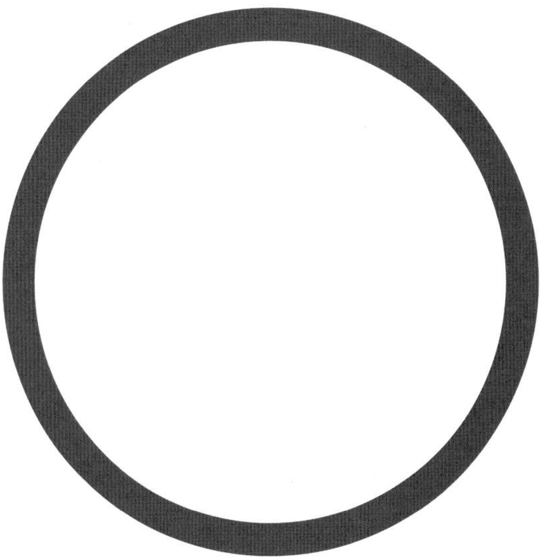

원각성존 소태산 대종사(少太山 大宗師 1891~1943)

정산 송규 종사(鼎山 宋奎 宗師 1900~1962)

대산 김대거 종사(大山 金大擧 宗師 1914~1998)

좌산 이광정 상사(左山 李廣淨 上師 1936~　　)

경산 장응철 종법사(耕山 張應哲 宗法師 1940~)

목차

제1편 서편

제2편 성리 대요

제1부 서장

제2부 성리 연마

제3부 성리 본론

제3편 성리 활용

머리말

원불교는 100년 창립의 역사를 지나 제2의 도약기를 맞이하고 있습니다. 소태산 대종사는 광대 무량한 낙원 건설을 목표로 원불교를 열었습니다. 근본을 돌아보고 초심을 잃지 않았는지 이제 냉철히 점검할 때입니다. 재가출가 교도도 마찬가지로 이 법을 정법으로 받아들이고 신앙 수행에 정진하여 인격도야가 되었는지 살펴야 합니다. 이러한 의미에서 출가 교도로 성직을 본업으로 살아온 세월을 돌아보며 초심을 살핍니다.

어느 날 맑고 상서로운 기운이 감도는 구름 위에 대종사님과 자리를 함께 하고 있었습니다. '너의 자리는 여기이니 앉아라' 하시며 자리를 정해 주어 한참을 입정에 들어 있는데 대종사님께서 '너, 이제 아래로 내려가 보아라.'는 한 말씀에 잠을 깨니 이 세상이었습니다.

정산 종사님은 저에게 "내가 너를 보니 너를 알겠는데, 너는 어찌 나를 보지 못하느냐?"라고 질책하신지 몇 달 후에 열반에 드셨습니다. 이 말씀을 최후 유지로 받들었습니다.

대산 종사님이 종법사로 계실 때 "요즘, 너는 무엇을 하였느냐?"라고 하문하였습니다.

오래전 세 분 스승님들의 말씀이 화두가 되어 성리의 터를 닦고자 분주했던 날들이 새하얗게 내려 앉아 구순을 넘어섰습니다. 이제 외람되이 성리 공부길을 터잡이한 흔적들을 모아 <둥근맘 둥근빛 소식>을 스승님 전에 바칩니다.

이 책을 발간하게 된 힘의 원천은 소태산 대종사께서 "성리는 말로는 다할 수 없다고 하나 말로도 여실히 나타내고, 그 자리는 두미가 없는 자리나 머리와 꼬리를 분명하게 갈라낼 줄 알고, 언어도가 끊어진 자리나 능히 언어로 형언할 줄 알아야 한다."라고 하는 법문에 용기를 얻었습니다.

원불교 성리의 표준은 '대소유무 시비이해'로 이것만 확실히 토를 떼면 견성했다고 말할 수 있습니다. '대소유무 시비이해'는 성리의 기본자이며 성리 표현의 머리를 표시한 어원이라 할 수 있습니다. '대·소·유·무, 시·비·이·해' 8자의 조합만으로 일원상 진리를 문자로 표기하고 언설로 표현할 수 있다는 전제로 먼저 성리의 대요를 밝혔습니다. 또한 기본 성리의 8자에 근거하여 취사해야 선택의 가림이 바를 수 있다는 점에 착안하여 생활 속의 공부길로 성리의 활용을 제시하였습니다.

이 책을 읽다보면 우주의 원리에 근거한 일원상 진리가 원불교 성리라는 까닭을 알게 됩니다. 또한 눈 밝은 수행자는 일반적으로 성리의 의미를 원불교에서 달리 표현하여 '일원 성리'라고 밝힌 점을 금방 알아차릴 것입니다.

더 나아가면 일원 성리는 우주 만유를 총섭하고 우리 인생을 섭리하고 있음을 알 수 있습니다. 따라서 우주 만물을 살리고 세계평화를 실현하는 궁극적인 원리가 성리에서 나와야 한다는 필자의 강한 의지를 체감할 것입니다.

필자는 이 성리로 '하나의 세계, 평화의 세계'인 낙원이 이루어지도록 서원을 세운 종교가 앞으로 주세 종교이고 미래 종교의 역할이라고 했습니다. 하나의 세계에서 평화의 노래가 불리기를 염원합니다.

이 책을 엮을 수 있도록 용기를 주시고 힘을 다독여 주신 장산藏山 황직평黃直平 종사에게 뜨거운 감사를 올리고, 이 책의 출판을 맡아 필자의 졸필을 다듬어준 원불교출판사 소산紹山 주성균朱性均 교무에게 감사의 마음을 전합니다.

원불교100주년 기념대회를 맞아 원로원에서

기산 이현도 몸맘 모음

제1편

서편

1장

성리의 표준

공부하는 사람들의 마음공부가 올라가서 나가대정那迦大定, 무루대지無漏大智, 무위대행無爲大行이 되어 최고의 자리에 오르면 성불의 경지에 이르게 된다. 이 자리에 이르면 여래如來라 하고 마음공부가 여기에 오르면 성리性理의 대大가 된다.

사람이 이 같은 마음이 되도록 마음을 정하고 보면 이 세계는 하나의 세계가 되고, 자연 평화로운 세계를 만들고자 하는 사람들이 많아질 것이다. 그 결과 세계는 평화로 하나가 된다.

이제 원기101년 5월 1일, 원불교100주년기념대회가 지나면 다시 결복기 사오백년 성업이 시작된다. 대종사님이 염원한 결복기 교운을 맞이하면 세계는 하나가 되고 평화로운 세계가 될 것이 자명하다.

그렇다고 저절로 다가오는 하나의 세계, 평화의 세계는 아닐 것이다. 이처럼 좋은 세상을 이루려면 가장 어려운 일부터 해결해야 한다. 무엇보다 걸림돌부터 치워야 한다.

먼저 손꼽히는 일은 이 세계 사람을 죽음과 공포로 몰아넣는 전쟁부터 없애야 한다. 전쟁은 모든 인류의 공동의 적이다. 전쟁의 가장 큰 무기는 핵무기이다. 세계는 핵무기보다 더한 강력한 무기를 만들려고 하는 게 문제다. 전쟁의 근원을 없애지 않는 한 인류의 평화는 요원하다.

성리로 하나 되는 원리를 깨쳐 알지 못하면 세계 평화는 핵의 공포에서 벗어날 수 없다. 성리의 세계에서 세계평화를 논하고 하나의 세계를 건설하는 것이 바로 은혜의 무기가 된다.

사람마다 나가대정 무루대지 무위대행의 경지에 이르는 공부를 하면 대원정각大圓正覺을 얻게 된다. 그 자리를 얻으면 다른 사람도 감화할 수 있는 힘을 갖게 되고 삿된 무리도 제도할 수 있는 권능을 부릴 수 있다. 이를 일러 일원 진리의 도원수都元帥라 한다.

이 도원수는 일원 진리의 체성에 합하고 그 위력으로 세계평화를 건설하는 성자라 부른다. 이 세상에 성자가 출현하면 한 세상을 주무를 수 있고 인류를 살릴 새로운 법이 나타나게 된다. 소태산 대종사의 대각으로 일원상의 진리가 출현하였다.

일원상의 진리는 우주의 원리요 성리를 밝힌 것이다. 따라서 우주의 원리인 성리를 깨치면 일원상의 진리에 합하게 된다.

성리는 세계를 살리는 묘방이요 인류를 낙원세계로 인도하는 핵심인 셈이다. 성리를 궁굴려 깨쳐 얻으려는 목적이 여기에 있다.

사람마다 구슬을 만들어서 손바닥에 궁굴리듯 일원의 진리를 굴려간다면 이 세계는 평화 안락할 것이다.

지금은 이런 사람들이 세상에 드물다고 말한다. 하지만 소태산 대종사의 출현으로 세상은 반드시 변화될 것이다. 이 믿음은 우리 원불교인의 강력한 희망이 되어야 하고, 이 법을 실천하고 수행하는 것이 사오백년의 결복기 교운을 앞당기는 우리들의 사명이 되어야 한다. 다시 말하면 성리를 공부하는 것이 결복기 교운을 앞당기는 핵심적인 방법이다.

성리를 공부하기 위해서는 그 표준을 알아야 한다. 원불교 성리의 표준은 '대소유무 시비이해'로 이것만 확실히 토를 떼면 견성했다고 인증할 수 있다.

한글의 자음 'ㄱ, ㄴ, ㄷ, ㄹ, ㅁ, ㅂ, ㅅ, ㅇ, ㅈ, ㅊ, ㅋ, ㅌ, ㅍ, ㅎ' 14자와 모음 'ㅏ, ㅑ, ㅓ, ㅕ, ㅗ, ㅛ, ㅜ, ㅠ, ㅡ, ㅣ' 10자의 조합만으로 어떤 문자든 만들 수 있고 발음할 수 있다. 원불교 성리도 '대·소·유·무, 시·비·이·해'의 8자 조합만으로 일원상 진리를 문자로 표기하고 언설로 표현할 수 있다. 따라서 '대소유무 시비이해'는 성리의 기본자이며 성리 표현의 머리를 표시한 어원語源이라 할 수 있다.

이 '대소유무 시비이해'의 하나 하나로 성리를 분석하고, 그 하나 하나에 '대소유무 시비이해'가 전부 들어 있어야 한다.

'대'자 하나를 '대소유무 시비이해'로 나눠 볼 줄도 알고 합해 볼 수도 있어야 한다. 그 나머지도 마찬가지이다. '대소유무 시비이해'의 순서로 성리를 밝히고 역순으로도 밝히고 순서 없이도 종횡무진으로 밝혀야 참 성리를 알았다고 말할 수 있다.

이 기본 성리의 8자에 근거하여 취사하여야 선택의 가림이 바를 수 있다. 예를 하나 들어보면 UN에서 모두 한 마음이 되어 전쟁을 종식하고 평화로운 세계를 만들자고 결의하였는데 그 책임을 세계종교연합(UR) 기구에서 맡아 추진한다고 가정해 보자. 가령 IS단체의 테러를 근본적으로 해결하려면 어느 종교가 나서야 할까?

IS테러의 이면에는 팔레스타인과 이스라엘의 수천 년간 이어온 갈등이 숨어있다고 말한다. 유대민족과 이슬람민족의 유전인자가 세대로 전수되어 반복적으로 갈등을 증폭시켰다. 중동의 문제는 이 두 민족과 종교 간의 갈등으로 끝날 단순한 문제는 더구나 아니다. 이슬람과 기독교 사이의 문제, 더 나아가 서구 열강의 장난질로 인한 문제로 복잡하게 얽혀있다고 세계적인 석학들은 말한다.

이 두 민족 간의 끝없는 분쟁을 종교 간 화합차원에서 세계종교연합에서만 해결해야 할까? 그것도 자유롭지 못한 종교들이 있기에 곤란하다. 과거의 종교 형태를 보아 더더욱 곤란하다. '종교간 전쟁' 때문에도 그렇고 교리적 이념 때문에도 더욱 그러한다. 과거 기성종교들은 신도 수도 많고 조직력도 탄탄하고 경제력도 풍부하니 그 종교들에게 맡기는 것이 순리라 생각할 테지만 그럴수록 세계평화는 멀어져 간다. 따라서 새로운 제3의 종교가 앞장서야 한다.

성리를 밝힌 참다운 종교가 나서야 한다. 원불교는 성리를 밝힌 종교로 미래세상의 주법이 될 것이다. 아전인수가 아니다. '대소유무 시비이해'로 하나의 세계와 세계평화를 주창하는 원리가 있는 종교이기 때문이다. 일원상 진리에 근원하여 진리적 종교와 사실적 도덕의 훈련으로 자타력 병행하고 영육쌍전하는 새 세상의 종교이다.

새 세상의 종교는 수도와 생활이 둘이 아닌 산 종교로 영과 육을 쌍전하여 개인 가정 사회 국가에 도움을 준다. 원불교가 장차 세계의 주교로 그 역할을 할 것이다. 지금 당장은 그 힘이 미약하겠지만 사오백년 결복기를 향하여 더욱 성리 공부에 매진해야 하는 이유이다.

2장

성리 공부의 특성

일원상의 진리는 우주의 근본 원리요 인간의 본질 등에 관한 궁극적인 진리이기 때문에 성리세계의 대大라고 말한다. 다시 말하면 우주의 원리요 평화의 원리를 밝힌 성리 자리이다. 성리란 우주만유의 본래 이치와 인간의 자성원리를 궁구하는 공부법으로 사리연구의 한 과목이다.

이 성리의 원리가 우주의 원리고 평화의 원리라면 '대소유무大小有無 시비이해是非利害'를 이론의 근거로 성리 공부의 특성을 이해해야 한다.

첫 머리부터 '대大'로 시작하여 성리 공부를 전개하는 것이 순서이다. 우주 전체를 대우주라 하고, 전 세계를 대세계라 하고, 우리나라를 대한민국이라 일컬어 대大라고 한다. 그리고 원불교 전체를 높이면 대 원불교가 된다. 여기에서 대大는 상대적인 대大가 아니라 절대적인 대大이다. 상대적인 자연현상도 개체의 물질이지만 크게 보아 대大이다. 그 물질을 사용하는 사람은 불공을 해야 하니 소小로 보아야 한다. 사람의 마음공부도 마음공부의 원리는 대大이지만 마음공부를 하는 사람은 소小가 된다. 종교에서 교법教法의 원리는 대大이지만 그 교법으로 공부를 하는 사람은 소小이다. 그러므로 소小는 대大를 향하여 크게 분발하여 자신을 닦아 올라가야 한다.

◇ 성리의 대大를 응한 성리의 세계

성리의 대大를 응하여 이룬 성리의 세계가 있다. 일원도, 성리도, 모두 우주에 어리어 있는 진리의 세계를 이른다. 이 진리 안에 들지 아니한 법은 우주와 세계에 하나도 없다. 그 이유는 일원상의 진리에 있다. 그 이유는 일원상의 진리 자체가 성리에서 보는 대大와 하나인 까닭이다. 그러므로 우주의 원리도 성리와 하나이다. 그래서 성리의 대大라고 한다.

우주만물 어느 물질에만 속한 성리가 아니다. 모든 만물이 다 같이 함유하고 우주와 이 세계를 이루고 있는 진리와 진리가 행하는 길, 전체가 바로 이 성리로 이루어져 있다.

더욱이 원불교의 성리는 유사 이래 처음으로 소태산 대종사가 밝힌 일원상의 진리이다. 일원상의 진리는 우주의 원리요, 이 세계 전 인류가 믿어야 하는 신앙의 대상이요, 모든 인류가 몸과 마음을 닦아서 진리의 인격을 이루어 내야하는 진리적인 표본인 것이다.

이를 바탕으로 세계에 낙원을 건설하자는 원불교는 진리적인 종교이고 사실적인 훈련으로 사람을 진리로 만들어 내는 미래적인 성리를 가진 종교이다.

이 진리를 받들어 믿고 닦아 깨쳐서 성불제중과 제생의세의 대 성업을 이루어 내기로 서원을 세운 종교는 원불교이다.

이 성리로 하나의 세계, 평화의 세계로 낙원이 이루어지도록 서원을 세운 종교가 되어야 한다.

3장

성리 공부

1. 성리 공부

성리 공부는 우주와 마음의 근본 원리 문제를 연마하는 공부이다. 우주의 원리와 마음의 근본을 성리에서는 대大라 하고 소小는 현실을 말한다. 그러니 공부라 하는 것은 그 원리를 찾고 현실에 활용이 되고 그름을 연마하여 옳고 이로움을 얻도록 공부를 하는 것이다.

아울러 성리의 체는 언제나 변함이 없지만 현실로 보면 시시로 변화가 따르고 우연히 받는 고와 낙이 있는가 하면 지어서 받는 고와 낙이 있으며 낙이 변하여 고로 변하기도 하고 고가 변하여 낙으로 변하기도 하니 이러한 실상을 원리적인 면에서 깨쳐 얻어야 그를 대처하는 방법이 이 성리에서 나오게 된다.

그러므로 유를 무로 만들 줄도 알고 무를 유로 만들 줄도 알아야 한다. 이러한 공부를 이루기 위하여 의두 연마가 있어야 하고 성리 단련이 되어야 한다.

아울러 원불교는 우주의 원리인 일원의 진리를 누구나 깨쳐 부처가 되어 낙원의 문에 들어설 수 있도록 인도하는 종교이기 때문에 성리 공부를 하는 것이다.

2. 원불교 성리

원불교의 성리는 우주 만유의 본래 이치와 인간의 자성원리를 궁구하는 공부 길이다. 이 법으로 진리를 찾는 것이 성리요, 사리연구의 과목이다.

성리란 성리학의 성性자와 이理에서 나오는 리理로서, 성性은 마음바탕을 의미하고 이理는 천리 또는 진리로 본다.

<원불교 교전> 대종경 서품 1장에서 "만유가 한 체성이요 만법이 한 근원이라"하여 성리의 종지宗旨를 밝혔다. 그러니 한 체성은 우주의 원리로서 비어서 형상이 없는 자리로, 일만 법이 여기에 뿌리를 두고 이루어졌다.

소태산 대종사는 성리 활용법을 대소유무와 시비이해라고 밝혔다. 우리는 이 성리로 의두를 걸고 그 실상을 깨쳐야 한다. 이 성리로 우주의 원리인 일원상 진리를 표준삼아 수행을 한다.

이 자리를 깨쳐서 깨친 그대로 실생활에 필요한 마음공부로 활용한다. 진리적인 종교의 신앙과 사실적 도덕의 훈련으로 일원상 진리를 깨치면 생활에서 성리의 길이 열리고, 이 세계는 평화요, 낙원 세계가 열리게 된다.

3. 성리 공부의 전제

신信이 없으면 진급이 될 길이 없다. 원불교 신앙의 대상은 일원상 진리이다. 이 원리가 우주에 일찍이 없었다면 이 세계 인간으로 존재할 수 없다. 그러므로 각자의 성품자리를 찾아야 함을 우리의 본원으로 안다면 일원상의 진리가 신앙의 필연적인 믿음이 되고, 사은 사요의 실천적인 믿음의 길이라고, 믿음의 즐거움을 여기에서 찾을 것이다.

또한 수행이 없으면 믿음 하나로 몸과 마음을 어떻게 뜻같이 일구어 나가겠는가? 우리의 심신이 내 마음과 같이 이루어져야 세계는 평화롭고 사람마다 미래를 열어갈 희망이 영글게 된다.

일찍이 성현들은 우주의 원리를 밝혀주었고 그 표본을 제시하여 인류를 구원하려고 하였다. 하지만 인류 역사에 전쟁과 평화라는 극과 극의 상반되는 일이 반복되어 왔다. 인류가 최극단의 한계를 넘나드는 원인이 무엇인가?

이는 참마음과 욕심 사이의 갈등 때문이다. 마음의 작용으로 인한 부조화가 갈등을 조장하고 인류를 파멸로 이끌어왔다. 사람만큼 무섭고 독한 존재는 없다고 한다. 그 마음을 가진 유일한 존재이니 말이다.

사람 중에는 전쟁 중에 태어난 사람이 있고, 전쟁 중에 전쟁으로 크고, 전쟁 중에 죽어간 사람도 많다. 아마 인류 역사상 자연적인 죽음보다 전쟁이나 사고로 죽은 인간이 더 많을 것이다. 더구나 종교적, 국가적, 또 다른 이념으로 무장한 사람들이 저지른 범죄와 테러로 사망한 사람도 늘어가고 있으니 비극의 극치가 아닌가.

하루빨리 본성을 찾는 길만이 이 비극을 끊고 막는 방법일 것이다. 그 본성을 찾는 것은 성리 공부 밖에 없다. 마음의 양극단을 조절하고 갈등의 근원을 원천부터 회복하는 것이 성리 공부이다. 마음공부도 성리 공부의 한 형태이지 여기에만 머무르면 여태까지 인류가 해왔던 공동선 추구라는 한계를 넘을 수 없다. 따라서 성리 공부란 근원을 찾는 공부요, 우주의 원리가 하나임을 알아가는 가장 큰 방법임을 전제로 한다.

4장

성리의 필요성

성리 공부가 지향하는 목표는 먼저 견성성불에 있다. 견성이란 본래 자신이 가지고 있는 본성을 깨치는 것이고, 성불이란 모든 번뇌에서 벗어나 부처의 경지에 도달함을 말한다. 만일 성리에서 견성성불이 없다면 죽은 시체에 불과하다. 소태산 대종사는 <대종경> 성리품 21장에서 "견성은 우주만물의 본래 이치를 알게 되고 목수가 잣대와 먹줄을 얻은 것 같이 되나니라."고 하였다.

이를 우리 현실에서 보면

1) 나 하나 개인만 잘 살면 되지만 이것은 과거의 일에 불과하다. 앞으로는 우주의 원리를 깨쳐서 이 세계에 낙원을 만들어야 한다.

2) 성리 공부를 하여야 진리를 깨치고 평화 세계를 건설하게 된다.
3) 성리를 활용하여 보아야 내 마음에 성리 공부가 필요함을 알게 된다.
4) 개인 가정 사회 국가 세계가 진리를 깨쳐야 하나의 세계를 이루는 길을 알고 행복한 세계를 만들어 나갈 수 있다.
5) 자신의 인생을 성리로 사는 삶이 되어야 큰 공부로 큰 부처가 되고 다른 사람의 마음을 크게 열어 줄 수 있다.

5장

소태산 대종사의 성리 세계

소태산 대종사는 대각의 첫 함성으로 "만유가 한 체성이요 만법이 한 근원"이라 외쳐 일원상의 진리를 함축적으로 표현했다. 소태산 대종사가 성리의 대大로 머리한 진리의 울림을 상징화한 가르침이다.

일원 성리의 원리를 알고 보면 이 세계 그 어느 누구도 이를 반대할 수 없다. 그 이유는 원불교 성리는 세계 전 인류에 해당하는 진리의 길이라 누구도 이를 외면하거나 버릴 수 없는 까닭이다. 만일 진리를 버린다면 누구나 이 세상에서 살아남지 못할 것이다.

정치에서 성리를 활용하면 세계 정치가 이루어지고, 종교에서 사용하면 바로 세계 종교가 될 것이다. 자타自他가 없는 성리로 곧 나라고 하는 내가 하나도 없는 까닭이다.

대종사님은 정기와 상시로 훈련법을 내놓아 진리의 훈련과 성리의 훈련을 받도록 했다. 정기적인 훈련은 법의 훈련을 받기 위함이요, 상시적인 훈련은 수행의 훈련을 생활에서 하도록 밝힌 종교사에서 유례를 찾아볼 수 없는 독특한 방법이다.

세상 사람들은 성리를 모르고 사니 답답하고 설사 안다할지라도 법에 맞는 훈련을 받지 않으니 걱정이다. 앞으로 세상이 밝게 열리면 모두 성리의 거울 앞에서 자신의 수행을 비추어 볼 것이다.

그러면 세상은 자연히 삿된 무리가 발을 붙이지 못할 것이요 바른 법이 나타나 맑고 밝고 훈훈한 세상이 될 것이다. 이를 파사현정破邪顯正이라 한다. 파사현정은 이론으로 되는 것이 아니다. 오직 성리를 깨친 사람에게만 나타나는 수행의 공덕이다.

오래 전에 인도를 여행한 적이 있다. 부처님이 탄생한 성지를 순례하다 마가다국의 수도였던 라지기르의 '나란다 불교대학'에 들른 적이 있다. 세계에서 가장 오래된 세계 최초의 불교대학이라 한다. 나란다는 길이 11㎞, 폭 5㎞로 1만 명의 학인과 1천5백 명의 교수들이 살았다 한다.

교수들 모두 견성한 사람들이었다. 10년 후 힌두교인들이 공격해 올 것을 미리 알았지만 싸울 생각은 않고 땅위 건물 높은 것은 두들겨 없애고 지하만을 남겨 흙으로 덮고 산을 만들어 그 위에 나무를 심고 키워 학교의 자취를 감추어 버렸다고 한다.

12세기에 이곳은 이슬람의 침공으로 불교사원들은 무차별 파괴되었고 스님들은 처참하게 죽어갔다는 또 다른 이야기가 전해진다. 이른바 유일신을 믿는 자들의 극악무도한 짓임을 알 수 있다. 2001년 아프가니스탄에서 이슬람 원리주의를 내세운 탈레반 정권에 의해 세계 최대 석불인 53m의 바미얀 불상이 파괴된 것을 봐도 짐작이 간다.

나란다 불교대학의 거대한 유적은 10분의 1정도 발굴하여 순례객들에게 공개하고 있다.

◇ 전쟁이 없는 낙원을 만들자

돌아오는 세상은 전쟁의 비극을 성리의 대大로 끝을 보고 새로운 진리의 문화가 이루어지기를 염원한다. 밝고 즐거운 미래의 세계는 성리의 대大의 논리가 일반화되기를 바란다. 세계 인류는 전쟁을 반대하는 평화주의가 조성되어 낙원시대가 오면 "어떻게 사람이 사람을 죽이지? 그런 이치는 없어"라는 이론으로 설득해가면 좋은 세상이 가능하리라 본다.

<대종경> 성리품 26장에서 "그대들은 형상 있는 물건만 소유하려고 허덕이지 말고 형상 없는 허공 법계를 소유하는 데에 더욱 공을 들이라."고 하였다.

우리는 형상이 없는 성리로 사람들의 마음을 변화시켜야 한다. 세상은 물질의 노예가 되어 끝내 전쟁을 못해서 안달난 사람도 있다. 형상 있는 세계에 집착하는 마음을 놓도록 가르치

고 깨우치는 일을 우리 원불교인들이 앞장서야 한다.

대종사님이 예시한 새 문명의 토대를 닦아 줄 대소유무 시비 이해에 기초한 성리를 우리들이 깨우쳐야 세계 인류가 받아 갈 것이다.

6장

성리를 세계 평화 건설에 활용하자

1. 세계 평화의 건설

성리가 세계 평화에 활용되어야 할 이유가 있다. 인류 역사상 세계 일원에 평화롭게 산 적이 얼마나 있는가?

평화를 반대하는 사람은 없지만 세계 평화는 여전히 희망사항으로 남아 있으니 그 이유가 어디에 있으며, 오히려 전쟁을 해야 하는 이유는 많아져가니 어찌하면 좋을까. 사람을 죽이는 무기는 날로 발달하고 있다. 처음에는 무기도 단순하였지만 이제는 과학에 힘입어 우주자연의 비장이던 핵까지 등장하여 전 인류를 공포의 도가니로 몰아넣고 있다. 이것이 온 세계 전 인류를 슬프게 만드는 뿌리가 된다.

이를 해결해가는 방법이 없을까.

세계 평화를 이루기 위해서는 전쟁부터 사라져야 한다. 세계 평화를 위협하는 한 가지 중 세계적 관심인 IS 테러단의 만행부터 막아야 한다. 세계적인 신학자 한스 퀑은 그의 저서 <유대교>에서 '기독교, 이슬람교는 본래 한 뿌리에서 나온 종교'라 했다. 또한 그는 '종교 간에 평화가 없다면 국가 간에 평화도 없다. 종교 간에 대화가 없다면 종교 간에 평화도 없다. 종교의 근본에 대한 연구가 없다면 종교 간에 대화도 없다.'고 했다.

종교끼리 서로 갈등과 대립을 청산해야 세계 평화로 가는 지름길이 될 것이 분명하다.

인류 역사에 전해 내려온 세계의 구악舊惡들을 막지 못하고 있다. 제2차 세계대전의 후유증은 여전히 남아 있다. 핵무기의 공포는 말할 것도 없고 또한 한일 위안부 문제도 해결되지 않고 있다. 세계 여러 나라에서는 호신용 총을 일반 국민도 소지할 수 있으니 이 또한 구악의 잔재다. 이런 구악들은 언제든지 세계 평화를 위협하고 있다. 세계뿐 아니라 한반도에는 남북간 휴전 상태로 전쟁의 불씨가 남아있다.

또한 국가 간 영토분쟁이 끊임없이 발생하고 있고, 유색인종간의 갈등, 문화충돌, 자원약탈, 마약전쟁 등 세계 평화를 위협하는 요소들이 갈등을 증폭시키고 있다.

이상과 같은 국제적 여러 문제의 해결을 위해 종교가 앞장서야 한다. '하나의 세계, 평화의 세계'를 지향하는 대과업을 전제하고 세계의 악습들을 청산해야 한다. 세계의 기성종교들은 우주 원리에 바탕을 둔 성리 수행을 하도록 신자들을 가르쳐야 한다.

2. 원불교 성리를 세계에 전하자

원불교는 소태산 대종사가 1916년 우주와 인생의 원리를 대각하여 일원상의 진리를 설하고 천지 부모 동포 법률의 사은에 보은하는 인생의 길을 열었고, 정신수양 사리연구 작업취사로 공부의 길을 열어 일체 생령들을 낙원으로 인도하는 길로 삼았다. 이 길이 곧 성리의 길인 까닭이다.

어찌 성리라는 용어가 여기에 들어가야 하느냐?

성리는 진리를 깨쳐서 행함을 이름이다. 대종사의 대각이 성리의 길이요, 이 성리의 길이 바로 교리를 행하는 성리의 길인 까닭이다. 비유하자면 우주의 원리 자체가 성리고 깨침으로 원불교가 출현하여 그 가르침을 교법으로 설하니 성리인 셈이다.

신앙의 대상도 일원상의 진리로 우주의 원리 신앙이 된다. 누가 진리적으로 이 원리에 뿌리하지 아니하고 이 세상에 태어난 사람이 어디에 있으며, 이 원리에 근원을 두지 아니하고 출현한 종교가 어디에 있겠는가. 이 진리를 버리고 사는 사람은 한 사람도 없을 것이다.

원불교는 우주의 원리인 일원상의 진리를 신앙하고 수행한다. 그러니 일원상의 진리 그대로가 원불교라 할 수 있다. 이 진리에 근원하여 진리적인 종교의 신앙과 사실적인 도덕의 훈련을 통하여 낙원세계 건설을 이루자고 나온 성리의 종교가 원불교라고 말한다.

성리에 바탕을 둔 원불교라 함은 대종사가 대각으로 이룬 일원상의 진리가 바로 우주의 원리가 되는 까닭이다. 그러므로 이 진리의 믿음과 수행은 바로 성리가 된다. 이 진리를 믿고 받들어서 수행을 하여 일원상의 진리 인격을 이루면 그대로의 일원 진리의 세계를 이 지상에 이루고 만드는 사람이 된다.

이를 구체화 하자면,

세계 온 인류가 믿고 행하는 일원의 진리이다.

세상 만물이 일원상 진리의 우주 원리로부터 내려주는 사은의 은혜 받음이 없으면 어찌 살 수 있을까. 사람도 마찬가지로 은혜를 벗어나 살 수 없다. 이와 같이 큰 은혜가 또 어디 있겠는가?

믿음도 일원상의 진리에 대한 믿음에서 다시 인과보응으로 나타나는 사실신앙이 있다.

믿음도 중요하지만 믿음만으로 그칠 것이 아니라 공부의 요도 삼학 팔조를 수행하고 실천하여 일원진리의 인격을 닮아가야 한다.

소태산 대종사는 일원의 진리를 대각하고 원불교를 개교한 다음 <정전> 삼학 중 사리연구 과목에 성리를 깨치도록 교법을 제정하였다.

첫째, 사리연구의 요지는 다음과 같이 밝혀 놓았다.

사事라 함은 인간의 시비이해是非利害를 이름이요, 이理라 함은 곧 천조天造의 대소유무大小有無를 이름이니, 대大라 함은 우주 만유의 본체를 이름이요, 소小라 함은 만상이 형형색색으로 구별되어 있음을 이름이요, 유무라 함은 천지의 춘하추동 사시순환과 풍운우로상설風雲雨露霜雪과 만물의 생로병사와 흥망성쇠의 변태를 이름이며, 연구라 함은 사리를 연마하고 궁구함을 이름이니라.

둘째, 사리연구의 목적을 분명히 하였다.

이 세상은 대소유무의 이치로서 건설되고 시비이해의 일로서 운전해 가나니, 세상이 넓은 만큼 이치의 종류도 수가 없고, 인간이 많은 만큼 일의 종류도 한이 없나니라.

그러나 우리에게 우연히 돌아오는 고락이나 우리가 지어서 받는 고락은 각자의 육근六根을 운용하여 일을 짓는 결과이니, 우리가 일의 시비이해를 모르고 자행자지 한다면 찰나찰나로 육근을 동작하는 바가 모두 죄고로 화하여 진정 고해가 한이 없을 것이요, 이치의 대소유무를 모르고 산다면 우연히 돌아오는 고락의 원인을 모를 것이며, 생각이 단촉하고 마음이 편협하여 생로병사와 인과보응의 이치를 모를 것이며, 사실과 허위를 분간하지 못하여 항상 허망하고 요행한 데 떨어져, 결국은 패가망신의 지경에 이르게 될지니, 우리는 천조의 난측한 이치와 인간의 다단한 일을 미리 연구하였다가 실생활에 이르러 밝게 분석하고 빠르게 판단하여 알자는 것이니라.

셋째, 사리연구의 결과를 말하였다.

우리가 사리연구 공부를 오래오래 계속하면 천만 사리를 분석하고 판단하는데 걸림 없이 아는 지혜의 힘이 생겨 결국 연구력을 얻을 것이니라.

사리연구 법문을 봉대하는 마음으로 받아들이니 대종사의 대각은 사리연구로 통하여 성리를 밝혔으므로 원불교는 우주원리인 일원상의 종교임이 틀림없다.

<대종경> 성리품 7장에서 "수도하는 사람이 견성을 하려는 것은 성품의 본래 자리를 알아, 그와 같이 결함 없게 심신을 사용하여 원만한 부처를 이루는 데에 목적이 있나니라."고 하였다.

다시 성리품 8장에서 "솔성이라 하는 것은 이미 자기의 소유인 것을 알았으나 전일에 잃어버리고 지내는 동안 모두 다른 사람에게 빼앗긴 바 되었는지라 여러모로 주선하여 그 잃었던 권리를 회복함과 같나니라."고 하였다.

또한 견성의 정의를 성리품 21장에 밝히기를 "우주 만물의 본래 이치를 알게 되고 목수가 잣대와 먹줄을 얻은 것 같이 되나니라."고 하였다.

성리품 23장에서 "돌아오는 세상에는 견성만으로는 도인이라 할 수 없을 것이며 거개의 수도인들이 견성만은 일찍이 가정에서 쉽게 마치고 성불을 하기 위하여 큰 스승을 찾아다니며 공을 들이리라."고 하였다.

또 성리품 27장에서 "대大를 나누어 삼라만상 형형색색의 소小를 만들 줄도 알고, 형형색색으로 벌려있는 소를 한 덩어리로 뭉쳐서 대를 만들 줄도 아는 것이 성리의 체體를 완전히 아는 것이요, 또는 유를 무로 만들 줄도 알고 무를 유로 만들 줄도 알아서 천하의 모든 이치가 변하여도 변하지 않고 변하지 않는 중에 변하는 진리를 아는 것이 성리의 용用을 완전히 아는 것이라, 성리를 알았다는 사람으로서 대大와 무無는 대략 짐작하면서도 소小와 유有의 이치를 해득하지 못한 사람이 적지 아니하나니 어찌 완전한 성리를 깨쳤다 하리요."라고 하였다.

성리품 28장에서 "사람 하나를 놓고 심·성·이·기心性理氣로 낱낱이 나눠도 보고, 또한 사람 하나를 놓고 전체를 심 하나로 합하여 보기도 하고 성性 하나로 합하여 보기도 하고 이理 하나로 합하여 보기도 하고 기氣 하나로 합하여 보기도 하여 그것을 이 자리에서 말하여 보라." 대중이 말씀에 따라 여러 가지 답변을 올렸으나 인가하지 아니 하시고 말씀하시기를 "예를 들면 한 사람이 염소를 먹이는데 무엇을 일시에 많이 먹여서 한꺼번에 키우는 것이 아니라 키우는 절차와 먹이는 정도만 고르게 하면 자연히 큰 염소가 되어서 새끼도 낳고 젖도 나와 사람에게 이익을 주나니, 도가에서 도를 깨치게 하는 것도 이와 같나니라."고 하였다.

다시 한 번 결론적으로 말하면 원불교의 일원상 진리는 성리를 말한다. 일원의 성리란 소태산 대종사가 대각한 우주의 원리인 일원상의 진리가 성리라는 까닭이다.

일원상 진리의 성리란 우주나 세계에 가득한 일원 진리를 말한다. 진리는 형상 없는 참된 이치요, 성리는 형상 없는 진리의 바탕이 온 우주나 이 세계에 빈틈없다는 것이다. 이 진리는 이 세계에 간격이 없고 차별이 없기에 너와 내가 따로 없는 하나의 진리이다. 그러니 성리는 크고 넓고 맑고 밝고 높고 깊은 진리인 동시에 참되고 바르게 우주만물과 우리 인생을 섭리하고 있다. 시간도 공간도 초월하며 무시무처에 섭리하여 모든 만물을 살리는 은혜를 생산하는 것이 일원의 진리이다.

그러나 우리 사회는 불생불멸의 진리와 인과보응의 성리를 깨치지 못하여 인류 상호간에 윤기가 무너졌다. 앞으로 다가오는 낙원세계를 이루기 위하여 풀어야 할 문제를 살펴보자.

원기26년 1월에 대종사 게송을 내리신 후 말씀하시기를 "유有는 변하는 자리요 무無는 불변하는 자리이나 유라고도 할 수 없고 무라고도 할 수 없는 자리가 이 자리며, 돌고 돈다, 지극하다 하였으나 이 또한 가르치기 위하여 강연이 표현한 말에 불과하나니, 구공이다, 구족하다를 논할 여지가 어디에 있으리오. 이 자리가 곧 성품의 진체이니 사량으로 이 자리를 알아내려고 말고 관조로서 이 자리를 깨쳐 얻으라."고 하였다.

대종사 게송을 내리신 법문을 마음으로 봉대하니 '일원상 진리로 시작하여 마지막 게송까지' 모두가 대종사의 성리임을 알 수 있다.

제2편

성리대요

1장

미리 보는 글

1. 대大에서 소小가 만들어 진다

대大에서 소小가 만들어진다. 어찌 대에서 소가 만들어질까? 우리 대종사의 대각보다 더 큼이 없다. 대각은 대소大小를 초월한 전체의 대가 되니 이 대大는 일원一圓이 된다. 대大 또한 모두를 가지고 살려야 하는 우주의 원리가 된다.

이것이 대大라면 소小는 대大 속에 들어있는 개체이다. 비유를 들면 일원의 진리는 마치 부모와 같다. 소小는 부모에게서 나온 자녀와 같으므로 일원 진리가 성리의 대大라면 대大에서 나온 사은과 삼학은 소小가 된다.

다음 차원이 넓고 넓은 대大와 작고 좁은 소小의 세계가 있다.

먼저 우주 원리가 대大일 경우 사은은 소小였으나 사은이 독립을 할 경우에는 사은이 대大가 되고 그 밑에 천지은, 부모은, 동포은, 법률은이 소小가 된다. 계속해서 천지은이 독립이 되면 천지은이 대大가 된다. 이처럼 천지은에 따른 피은 조목과 보은의 조목은 소小가 된다.

이런 식으로 모든 법을 보아가며 가려내면 마침내 이 우주에 대大 아님이 없고 그 대大가 이루어 질 때에는 그 밑에 반드시 소小가 따라 있는 것이다. 그러므로 어느 대大나 그 소小를 거느리고 있다.

동시에 대大는 대大로서 소小를 거느리는 도道가 있고 소小는 또 대大를 섬기는 도道가 따르게 되어 있다. 실례를 들자면 부모라는 대大는 아이를 낳아 기르고 가르쳐서 세상에 나가 출세를 하도록 길을 열어주는 의무가 따르고, 그 아이는 부모에게 효도의 책임과 부모가 자력이 없을 때 봉양의 책임이 있는 것과 같다.

2장

성리의 원리

여기에 나오는 대大에서 보는 자리는 우리 대중에게는 그 용어 자체가 낯설다고 본다. 이에 대한 어원語源을 보면, 대大는 대소유무의 첫 머리에서 나오는 대大이다. 성리의 대大라는 용어의 어원은 <정산종사법어> 경의편 36장에 '대소유무의 이치따라 인간의 시비이해를 건설한다'는 법위 조항을 해설하기를 "일원상의 종지는 대大자리를 응하여 건설된 법이요."라고 밝혔다.

1. 대소유무大小有無의 성리 내용

"성인은 반드시 우주의 진리를 응하여 인간의 법도를 제정하시나니, 우리 법으로 말씀하면 일원상의 종지는 대大자리를 응하여 건설된 법이요, 사은의 내역들은 소小자리를 응하여 건설된 법이요, 인과와 계율 등 모든 법은 유무有無자리를 응하여 건설된 법인 바, 성인의 법은 어느 법이나 이치에 위반됨이 없이 시비이해가 분명하게 짜여 지나니라. 또는 이를 개인 공부에 운용하는 방법으로는 항상 일원의 체성을 체 받아서 일심 즉 선禪을 잘 닦으라 하신 것은 대大를 운용하는 법이요, 사사처처에 보은 불공하는 도를 잘 알아 행하라 하신 것은 소小를 운용하는 법이요, 유무에 집착하지 아니하고 유무를 따라 마음을 활용하며 변천의 도를 알아 미리 준비하여 사업을 성공하게 하신 것은 유무를 운용하는 법이니라."

<정산종사법어> 경의편 36장

또한 <대종경> 성리품 27장에서 대종사 선원 대중에게 말씀하시기를 "대大를 나누어 소小를 만들 줄도 알고 형형색색으로 벌여 있는 소를 한 덩어리로 뭉쳐서 대를 만들 줄도 아는 것이 성리의 체를 완전히 안다."고 하였고 이어서 "유有를 무無로 만들 줄도 알고 무를 유로 만들 줄도 알아서 천하의 모든 이치가 변하여도 변하지 않고 변하지 않는 중에 변하는 진리를 아는 것이 성리의 용用을 완전히 아는 것이라."고 하였다.

2. 대大자리 보기

대소유무 시비이해를 두고 정산 종사는 '우리가 성리를 얻을 때에는 반드시 일원의 종지는 성리의 대大자리가 되므로 이를 통하여 성리를 얻도록'하였다.

사은과 삼학의 원리는 일원상의 진리라 대大의 자리가 된다. 사은과 삼학의 내역은 소小자리가 된다고 정산 종사는 밝혀 주었다.

인과와 계율의 원리는 일원상의 진리가 대大라, 현재 소小자리에 있는 중생은 이 대자리를 믿고 닦은 그 힘으로 대자리에 돌아오도록 하였다.

이에 덧붙이는 말은 대소유무를 밝히고 시비이해로 성리를 활용되게 하면서 힘을 기를 때에는 변화에 따라 이利와 해害가 따르므로 소小자리를 밝혔다고 또한 믿는다.

그러므로 소자리는 중생으로부터 출발하여 신앙과 수행으로 유무에서 인과와 계율을 지키며 사은과 삼학으로 신앙과 수행을 하여 시비이해의 훈련 과정을 지키고 힘을 길러서 그 원리로 일원상의 진리가 되는 대大자리에 돌아오도록 하여 주었다.

그러나 시비이해의 내용은 시비이해가 활용되는 데에 따라 시비是非가 분명하고 이利와 해害가 달라지면서 진급 강급으로 인과因果가 따르기에 유무有無자리에 두었다고 정산 종사의 법문을 믿고 받든다.

3. 대大자리 개인 공부

일원의 체성을 체 받아 이루어지는 공부는 일심一心과 선禪을 대大로 하고 이 대大를 응용하는 법도 대大로 하였다.

다음 사사불공事事佛供 처처불상處處佛像 보은報恩의 도리는 인과가 따르니 소小라고 하였다.

유무有無에는 변화가 따르니 집착 하지 아니하고 유무를 활용하는 법으로 세우고 보면 대大가 된다고 하였으니 믿음으로 받든다.

성리에서 볼 때 일원상의 진리는 바로 우주의 원리가 된다. 우주의 원리는 본래부터 하나이다. 이 세계에 있는 모든 종교, 그 믿음의 원리는 우주의 원리와 하나이다. 이 하나는 또한 이 세계의 여러 원리와도 하나이다. 그러니 대소유무 시비이해의 원리도 하나로 함께 통한다.

성리에서 보는 대大는 역시 일원의 진리와 하나이다. 정산 종사는 '일원상의 종지는 성리의 대大자리에 응하여 건설된 법' (<정산종사법어> 경의편 36장)이라고 분명히 밝혔다. 우리는 귀로 듣고 말로 전하는 것보다 대기대용大機大用으로 마음을 닦아 깨쳐야 한다. 그래야 확실히 법이 서게 된다.

일원상 진리는 우주의 원리이고
소태산 대종사 대각의 광명이다
성리의 본지는 낙원 건설에 있다

성리 표어

일원상 진리로 종지를 각득하자

성리 훈련으로 진리를 구현하자

진리 평화로 낙원세상 건설하자

제1부 서장

1장

성리의 원리

성리의 개요를 <원불교대사전>에서 찾아보면 성리는 '우주 만유의 본래 이치와 인간의 자성 원리를 궁구하는 공부법으로 사리연구의 한 과목이다'고 나와 있다.

소태산 대종사는 <대종경> 성리품 9장에서 이르기를 "종교의 문에 성리를 밝힌 바가 없으면 이는 원만한 도가 아니니 성리는 모든 법의 조종祖宗이 되고 모든 이치의 바탕이 되는 까닭이니라."라고 하여 모든 법의 근본과 모든 법의 바탕이 성리에서 이루어진다고 보았다.

결국 근원적인 이치, 즉 일원상의 진리를 깨쳐서 활용해 가는 것이 성리를 궁구하는 목적이다. 성리가 모든 법의 조종이라는 것은 모든 법의 근본이라는 뜻으로 기존의 장엄 종교가 성리에 바탕한 절대적 진리의 종교로 거듭나야 한다고 했다.

성리품 25장에 "성품은 본래 언어의 도가 끊어진 자리이지만 분명하게 드러낼 줄도 알아야 한다."라고 했다.

과거의 성리가 주로 성품의 체를 밝힌 것이라면 소태산은 묘유의 용까지 밝혔다. 진공의 체와 묘유의 용을 하나로 밝힌 것이다.

공空의 체를 철저히 깨쳐 체험했을 때 묘유의 용은 철저한 진공의 체험에서 나타남으로 성품의 체만을 밝히는 데에 머물지 않고 활용해야 한다. 묘유로 용을 삼으면 진공이 바로 묘유가 된다. 일원상의 진리는 언어도단의 입정처이므로 철저히 깨쳐서 묘유 생사문으로 설명할 수 있어야 한다. 그러므로 원불교에서는 성리학의 순선무악純善無惡 유선무악有善無惡과 불교의 무선무악無善無惡을 넘어선 능선능악能善能惡을 말한다. 곧 정靜하면 무선무악無善無惡이고 동動 하면 능선능악能善能惡이 원불교의 성리이다.

2장

성리교단 원불교

원불교는 처음부터 우주의 원리를 찾는 성리의 길, 진리적인 종교에서 출발한다.

소태산 일원불은 성리교단 원불교를 창건하였다

소태산 대종사는 7세 시부터 우주 자연 현상의 원리를 궁구하기 시작하였다. 9세에 이르러 이 원리를 깨치고자 구수산九岫山 삼밭재에 올라 기도를 올리고 노루목에서 자신의 몸도 의식도 잊은 채 입정入定에 든지 4년이 지난 1916년에 우주의 원리인 일원의 진리를 대각하니 원불교가 우주 원리를 찾는 성리교단으로 출발하게 되었다.

성리의 원불교! 내용을 살펴보면 먼저 우주의 원리인 일원상 진리를 신앙의 대상으로 하고 진리적인 종교의 신앙과 사실적인 도덕의 훈련으로 시작된 교단의 목적은 이 세계 낙원을 건설하는 데 있다.

우주 원리로부터 내려 받는 위력이 있다. 사은四恩을 통하여 내려온다. 또한 정신수양 사리연구 작업취사의 삼학공부로 진리적인 인격을 이루고자 온 힘을 기울인다. 이 목적은 우주원리를 찾아 성불제중과 제생의세요 낙원세계의 길을 찾는 데 있다.

이와 같이 원불교의 교법 일체가 모두 성리에 바탕을 둔 진리적인 종교임을 알았다.

특히 소태산 대종사가 이 원리를 깨쳐서 활용하는 방법으로 삼학공부 중에 사리연구 과목으로 정하여 진리를 깨치도록 하였다. "이 공부를 오래오래 계속하면 천만 사리를 분석하고 판단하는 데에 걸림 없이 아는 지혜의 힘이 생겨 결국 연구력을 얻을 것이니라."라고 했다.

겸하여 성리품에 밝히기를 "대大를 나누어 소小를 만들 줄도 알고 나눠진 소를 뭉쳐서 대를 만들 줄도 아는 것이 성리의 체를 안다."고 했다.

이어서 "유有를 무無로 만들 줄도 알아서 천하의 모든 이치가 변하여도 변하지 않고 변하지 않는 중에 변하는 진리를 아는 것이니라."라고 했다.

소태산 대종사는 성리품 25장에서 밝히기를 "성품은 원래 언어도가 끊어진 자리이지만 분명하게 드러낼 줄도 알아야 한다."라고 했다.

그동안 우주의 원리가 문을 닫아버린 세계를 형이상의 진리를 깨쳐 활용해 가는 성리를 궁구하는 목적으로 돌렸다.

기존의 종교가 장엄에 그치는 것보다 성리에 바탕을 둔 절대적 진리의 종교로 거듭나야 한다고 했다. 대종사의 불교혁신론이 그 증거의 하나다.

성리의 체를 깨쳐서 용用으로 세계 대중의 생활이 성리화가 되면 바로 낙원이 된다. 이 길을 열기 위하여 천조天造의 대소유무大小有無의 이치와 인간의 시비이해是非利害로 진리를 깨쳐 바르게 행하도록 하였다.

정산 종사는

<정산종사법어> 경의편 36장에 '대소유무의 이치를 따라 인간의 시비이해를 건설한다'는 법위 조항을 해설하시기를 "성인聖人은 반드시 우주의 진리를 응하여 인간의 법도를 제정하시나니, 우리 법으로 말씀하면 일원상의 종지는 대大자리를 응하여 건설된 법이요, 사은의 내역들은 소小자리를 응하여 건설된 법이요, 인과와 계율 등 모든 법은 유무자리를 응하여 건설된 법인 바, 성인의 법은 어느 법이나 이치에 위반됨이 없이 시비이해가 분명하게 짜여지나니라. 또는 이를 개인 공부에 운용하는 방법으로는 항상 일원의 체성을 체 받아서 일심 즉 선禪을 잘 닦으라 하신 것은 대大를 운용하는 법이요 사사처처에 보은 불공하는 도를 잘 알아 행하라 하신 것은 소를 운용하는

법이요, 유무에 집착하지 아니하고 유무를 따라 마음을 활용하며 변천의 도를 알아 미리 준비하여 사업을 성공하게 하신 것은 유무를 운용하는 법이니라."라고 했다.

대산 종사는

대산 종사의 성리 법문 중 "쇠는 용광로를 거쳐야 정철精鐵이 되고 법은 성리에 근거하여야 대도정법이 되고 도인은 성리를 단련해야 대 도인이 된다."고 했다.

성리를 단련해야 원만구족하고 지공무사하게 된다는 것이다. 그래야 변하여도 변하지 않고 변하지 않는 중에서도 성리의 용을 찾아서 일원의 진리를 활용하는 길을 열어 가는 것이고 그래야 참으로 진리를 알고 사는 사람이 된다고 하였다.

대산 종사는 "성리 공부는 자기가 자기의 성품을 보고 자신을 알게 하여 자기 마음을 보고 단련하는 공부법이다."라고 하였다.

이처럼 원불교는 믿음에만 그친 종교가 아니고, 뿐만 아니라 진리의 근원에만 그친 법도 아니다. 우주 원리인 일원상 진리에 바탕을 두고 일원상의 진리로 신앙과 수행을 통하여 현실의 세계를 낙원세계가 이루어지도록 하는 종교가 원불교다. 그러므로 원만구족하고 지공무사한 진리의 이상계와 현실계가 둘이 아닌 길을 밝혀낸 종교로서 대소유무 시비이해까지 밝힌 성리의 원불교라고 할 수 있다. 그래서 원불교요, ○원圓의 종교이다.

옛날 부설 거사는 김제 화포 사람으로 공부를 잘 하여 병쇄수현瓶碎水縣 곧 병은 깨졌으나 물은 쏟아지지 않고 그대로 '공중에 매달려 있다'는 성리의 체를 남긴 일이 있다. 즉 오늘날로 보면 성리 활용까지 더 정진하여 공중에 매달려있는 그 물을 다시 이 세상을 위하여 사실적으로 활용하는 데까지 나와야 지금의 성리에 부합이 되는 것이다.

지금 이 세계는 크게 해야 할 일이 있다. 각각의 나라마다 자기 나라만 생각하는 것도 좋지만 그것은 지난 과거의 일이고 앞으로는 자기 나라를 위하면서 세계주의를 본위로 하는 일원주의가 나와야 한다고 생각한다.

그래야 세계를 사랑하는 사람이 많이 나오게 된다. 여기에서 원불교의 성리가 바탕이 되어야 한다. 우리는 앞으로 일원 진리의 성리를 크게 열어 평화 세계를 만드는 사람이 되어야 한다.

이때를 위하여 우리 교화도 잘하고 진리 연마로 힘을 길러야 하며, 평화 세계도 만드는 사람이 되어야 한다. 이 일은 세계 모든 사람들이 다 같이 해야 할 일이라고 믿는다.

3장

성리교화 개척

원불교 성리는 과거의 성리에 그치는 차원을 넘어서야 하고 사람은 교화를 받음으로서 우주의 진리를 깨쳐야 된다. 이 세계 낙원건설을 위하여 진리에 바탕을 둔 정각정행을 함으로서 진리화된 인간이 되자는 것이다.

그러면 그 사람이 하는 말도 진리이고 생활도 진리와 같이 바르게 깨쳐 살아가게 되는 것이다.

그 결과는 그 사람의 생활이 이 사회와 세계에 미치는 대로 사람들의 생활에 유익을 주는 밑거름이 된다. 이러한 사람이 나오면 이 세계에서 어느 누가 마다하겠는가?

그러므로 원불교의 교화는 내 종교만을 위하는 교화가 아니라 차원을 넘어서 국가와 세계를 위하는 마음으로 교화를 하는 것이다.

우주 원리를 대각한 소태산 일원불님이 원불교를 열고 우주 원리에 근거를 두고 성리 활용의 법을 만들었다.

<원불교 교전> 대종경 제7 성리품에서 31장으로 나누어 그 대의를 밝혔다. 그 중 성리품 27장을 다시 한 번 소개한다.

대종사 선원 대중에게 말씀 하시기를 "대大를 나누어 삼라만상 형형색색의 소小를 만들 줄도 알고 형형색색으로 벌여 있는 소를 한 덩어리로 뭉쳐서 대를 만들 줄도 아는 것이 성리의 체體를 완전히 아는 것이요, 또는 유를 무로 만들 줄도 알고 무를 유로 만들 줄도 알아서 천하의 모든 이치가 변하여도 변하지 않고 변하지 않은 중에 변하는 진리를 아는 것이 성리의 용用을 완전히 아는 것이라 성리를 알았다는 사람으로서 대와 무는 대략 짐작하면서도 소와 유의 이치를 해득하지 못한 사람이 적지 아니 하나니 어찌 완전한 성리를 깨쳤다 하리요."라고 했다.

대소유무로 시비이해를 건설하는 마음과 세계를 개척하는 마음으로 연구하고자 한다.

"대大를 나누어 소小를 만들 줄도 알고 나눠진 소를 뭉쳐서 대를 만들 줄도 아는 것이 성리의 체를 안다."고 했다. 이어서 "유有를 무無로 만들 줄도 알고 무를 유로 만들 줄도 알아서 천하의 모든 이치가 변하여도 변하지 않고 변하지 않는 중에 변하는 진리를 아는 것이 원불교 성리의 용用을 아는 것이 된다."고 하였으니 세계 교화를 개척하는 마음으로 연구하는 것이 성리 공부이다.

대산 종사는 "우리 법은 가져다 쓰는 사람의 것"이라고 했다. 이어서 "오늘의 결산이 잘 나오신 분은 더 잘 나오게 하는 지름길을 찾고, 아직 결산을 잘못 내신 분은 앞으로 더 잘 나오는 길을 찾아서 대종사님 발자취를 따라야 한다."라고 하였다.

제2부 성리 연마

1장

일원상 서원문 연마

1. 대산 종사의 사반야지四般若智와 일원상 서원문

대산 종사, 사반야지와 일원상 서원문에 대하여 말씀하시기를 "사반야지는 대각의 단계를 말씀하신 것이니, 첫째 대원경지大圓鏡智는 한 두렷한 거울 같은 자리로 우리 일원상 자리요, 부처님께서 깨치신 불생불멸의 자리요, 공자님께서 깨치신 무극 자리요, 노자님께서 깨치신 도道의 자리요, 예수님께서 깨치신 하나님 자리를 말함이니라. 둘째 평등성지平等性智는 대원경지의 본지本智 자리를 크게 보아 너와 나도 없고, 부처라고 더한 바 없고 중생이라고 덜한 바 없는 그 자리에 요달한 지혜를 말함이니라. 셋째 묘관찰지妙觀察智는 이 우주에 진급 강급과 만물의 변태와 사생의 육도 변화를 묘하게 관찰하는 지혜를 말함이니라. 넷째 성소작지成所作智는 만능·만지·만덕을 갖추신 부처님께서 시시처처時時處處 사사물물事事物物 대하는 것마다 하고자 하는 바를 이루시는 지혜를 말함이니라.

일원상 서원문에 사반야지에 이르는 공부길이 밝혀져 있나니, '일원은 언어도단의 입정처이요 유무초월의 생사문인 바'는 대원경지 자리요, '천지·부모·동포·법률의 본원이요 제불조사 범부중생의 성품으로'는 평등성지 자리요, '능이성 유상하고, 능이성 무상하여 유상으로 보면 상주불멸로 여여자연하여 무량세계를 전개하였고 무상으로 보면 우주의 성주괴공과 만물의 생로병사와 사생의 심신 작용을 따라 육도로 변화를 시켜 혹은 진급으로 혹은 강급으로 혹은 은생어해로 혹은 해생어은으로 이와 같이 무량세계를 전개하였나니'는 묘관찰지 자리요, '우리 어리석은 중생은 이 법신불 일원상을 체받아서 심신을 원만하게 수호하는 공부를 하며, 또는 사리를 원만하게 아는 공부를 하며, 또는 심신을 원만하게 사용하는 공부를 지성으로 하여'는 성소작지 자리니 성소작지를 위하여 우리 어리석은 중생은 이렇게 공부해야 한다는 말이니라.

또 '진급이 되고 은혜는 입을지언정 강급이 되고 해독은 입지 아니하기로서 일원의 위력을 얻도록 까지 서원하고 일원의 체성에 합하도록 까지 서원함'은 사반야지를 성공시키기 위한 큰 서원이니라.

그러므로 일원상 서원문을 많이 독송하여 일원상의 진리를 꿀꺽 삼켜야 사반야지를 얻고, 사반야지를 이루어야 일원상의 진리와 통하여 대종사님과 부처님과 동거 동락同居同樂할 수 있느니라."

대산 종사의 사반지와 일원상 서원문을 우리 수행에 대조하면 다음과 같다.

처음의 "일원은 언어도단의 입정처이요 유무 초월의 생사문인 바 천지 부모 동포 법률의 본원이요, 제불 조사 범부 중생의 성품으로"라고 했다. 본원이라 하였으니 이 자리를 성리로 보면 대大에 해당이 된다.

대大에 해당하는 그 이유를 살펴보면 '언어도단의 입정처이요'는 우주전체의 분별이 나오기 이전의 성품 자리라 입정처에 해당이 되어 대大가 된다.

'유무초월의 생사문인 바'도 역시 분별이 나오기 이전이라 대大에 해당이 되고, '천지 부모 동포 법률의 본원이요'도 역시 분별이 나오기 이전이라 대大에 해당이 된다. 동시에 다음 '제불조사 범부중생의 성품으로'도 역시 분별이 나오기 이전이라 대大에 해당이 되는 것이다.

간단하게 비유 하나를 들면 사람이 깨어 있을 때에는 천조의 대소유무와 인간의 시비이해의 분별이 역력하지만 잠이 깊이 들었을 때는 모든 분별 의식이 끊어져 없다. 끊어져 없다가 깨어보면 새로 정신이 들고 더욱 맑아져서 정신이 선명한 것처럼 일원상의 진리도 그와 같이 어두운 세상에 더욱 잘 드러나는 것이다.

이제 일원상 진리에 따른 위력의 범주도 이러하다. 사람의 영육이 둘이 아니요, 처소와 시간이 둘이 아니요, 동정이 둘이 아니요, 미오迷悟가 둘이 아니다. 현실만으로는 깊은 진리의 세계를 알지 못한다. 아무리 학식이 발달하여도 학식만으로는 이 세상 진리는 다 다루기 어렵다. 그러므로 비로소 일원상 진리에서 성리를 깨쳐야 참으로 진리의 세계가 드러나는 것이다. 머나먼 바다 밑 수백 수천 미터에서 다른 인연이 없이 혼자 살아 온 무연 중생 하나라도 인간의 세계와는 너무나 거리가 멀지만 이 대大의 범주 안에 들어있는 중생이라 제도를 받아 진급이 되어 오를 때가 되면 계속 진급으로 거듭 올라와서 마침내 일대겁 만에 한 번 사람이 사는 세계까지 진급이 되어 태어난다는 것이다.

이로 보면 이 대大에 들지 않은 만물은 하나도 없다. 그래서 우주의 원리와 부처님의 위력은 성리로 보아 대大이다.

일원상 서원문에서 "능이성 유상하고 능이성 무상하여"라고 했다. 능이성 유상有常은 분별이 나오기 이전이라 대소유무에서 이 법문을 보면 대大에 해당이 된다. 언제나 우주의 원리와 소태산 대종사는 성리로 보아 대大가 된다. 그러니 우리는 일원불님의 법자요 법손이 되어 성리의 대大에서 떨어지지 아니 하고 부처가 되면 우리도 성리의 대大가 되고, 여기에서 떨어지면 중생으로서의 '나' 하나가 되기에 소小에 떨어진다. 소小로서 능이성 무상無常이 되어 욕심의 물결에 따르면 어느 날에 제도를 받는 내가 될 것인가? 그러므로 천도법문에서 우리 모두에게 정신을 차리라고 하였다.

대산 종사가 밝힌 사반야지로 일원상 서원문을 보면 "대원경지는 부처님과 나는 본래 평등으로 하나이다. 부처님이라 하여 더 할 바도 없고 덜 할 바도 없는 평등의 자리로 우리 본래의 자리이다."라고 하였다.

이 평등의 자리에서 중생의 나를 앞세우다 보면 능이성 무상能以成 無常이 나에 따르게 되고 대大에서 떨어져 나가게 된다. 대大를 버리고 중생의 소小로 떨어지는 결과가 되면 슬픈 일이라 더욱 아니 된다고 하였다.

그러므로 대산 종사는 이때 소小에 떨어지면 제도 받기 어려운 중생이 되는 것이므로 슬프다 하며 크게 사람들의 마음을 경계하여 주었다.

대산 종사는 유상有常은 무무역무무無無亦無無로 분별이 없는 성품자리라고 했다. 그런데 소小가 되어 중생으로 떨어지면 그를 대처해야 할 지혜가 있어야 한다. 불퇴전不退轉의 대大가 되려면 일원상 서원문의 언어도단의 입정처의 자리에서 유무초월의 생사문인 바 까지가 대원경지이다. 대산 종사는 '이 자리를 깨쳐 새 마음의 부처가 되어야 하니 대원경지를 바로 나로 삼아야 한다.'고 하였다.

다음으로 일원상 서원문에서 "유상으로 보면 상주불멸로 여여자연 하여 무량세계를 전개하였고"라고 하였다. 여기서 유상有常은 우주의 원리요 일원상 진리이며 우주의 실상으로 이 자리는 변할 수 없는 성리의 대大가 된다.

이어 "무상으로 보면 우주의 성주괴공과 만물의 생로병사와 사생의 심신작용을 따라 육도로 변화를 시켜 혹은 진급으로 혹은 강급으로 혹은 은생어해로 혹은 해생어은으로 이와 같이 무량세계를 전개하였나니"라고 하였다. 여기에 나오는 무상無常은 변하는 자리이다. 유무有無로 돌고 돌아 한 순간도 쉽이 없이 진 강급을 두고 변한다. 이때에는 변하는 자리에서 불변하는 지혜를 얻어 깨쳐야 한다. 그러면 중생이 변하여 부처가 된다.

일원상 서원문에서 "우리 어리석은 중생"이라고 하였다. 중생은 어리석다. 그러므로 성리로 판단을 하면 소小의 자리에서 비非요 해害가 되는 일만을 가려서 하기에 중생이라고 한다. 그러니 진급되어 올라갈 길이 막혀 있으니 강급 밖에는 다른 길이 없다. 시비이해의 성리에서 해害만 당하는 것이 중생이다. 그러면 마음 아프지 아니할까? 부처의 눈으로는 차마 보기 어려울 것이다.

현재의 이 세계를 보면 너무 마음 아프다. 먼저 중생들은 우주 원리를 깨쳐야 하는 문제 보다 돈이나 기술과 물질을 앞세운다. 이유는 자신이 먹고 사는 길부터 먼저 열어가야 하는 까닭이다.

그러나 인생의 결말을 보면 이것은 완전히 전도된 주관일 수밖에 없다. 한번 기울어지는 자신을 고치기는 심히 어렵다.

이때에 정신을 차려 복과 혜를 많이 닦으면 뒷날에 먹고 사는 것은 자연스럽게 해결된다. 시是보다 비非가 많은 세계가 되면 이 세상은 어찌 될까? 상상하기도 싫다.

대산 종사는 중생은 묘관찰지妙觀察智를 일원상 서원문에서 찾아야 한다고 하였다.

먼저 대원경지大圓鏡智를 얻고 평등성지平等性智를 찾아서 우주의 진급 강급 되는 일과, 만 중생이 육도로 변하는 일을 부처의 눈으로 보는 것이 이 지혜이며 곧 일원상 서원문에서 깨쳐 행할 법을 묘관찰지妙觀察智에서 찾아야 한다고 하였다.

다음 "이 법신불 일원상을 체 받아서"라고 하였다.

체 받는 우리의 마음이 될 때에 일원상 서원문의 위력이 되도록 어느 때나 쉼 없는 정진을 하여야 하고 닦아온 과거 생의 선업도 있겠지만 그보다 겸허하게 최하 중생의 자리에서 깨쳐서 부처로 오르려는 서원을 세우고 처음부터 대 신심, 대 서원, 대 정진에서 물러설 수 없는 서원이 되어야 한다고 하였다.

일원상 서원문에서 "심신을 원만하게 수호하는 공부를 하며 또는 사리를 원만하게 아는 공부를 하며 또는 심신을 원만하게 사용하는 공부를 지성으로 하여"라고 하였다.

'심신을 원만하게 수호하는 공부를 하며'라고 하였으니 이는 삼학 공부 중에 정신수양에 해당하는 공부이다. 이 공부를 잘 하려면 본성이 되는 우주 원리와 일원상의 진리를 찾아서 더욱 잘 수호하는 공부를 하여야 한다. 내 마음의 주착심과 분별심을 버리고 본성이 되는 내 마음 자리로 돌아와야 한다. 성리로 보면 대大의 자리가 된다.

일원상 서원문에서 "사리를 원만하게 아는 공부를 하며"라고 하였다. 이는 사리연구 공부를 우주 원리 그대로 원만하게 알아야 한다. 작은 지식과 얕은 지혜를 놓고 우주 원리인 법신의 지혜가 내 마음이 되도록 깨쳐야 한다. 그러면 변하는 유무有無에서 공부가 잘 되어 완전히 우주 원리의 지혜가 되는 반야대지를 갖추게 된다. 그러면 성리의 대大를 얻게 된다.

다음은 "심신을 원만하게 사용하는 공부를 지성으로 하여"라고 하였다. 원만한 우주 원리를 내 마음에 담아서 실행하면 바로 그 마음이 소태산 대종사의 작업취사 공부가 되는 것이다. 유무의 변화에서 공부를 잘하여 부처를 이루면 불변의 대大에 오르게 된다.

일원상 서원문에서 “진급이 되고 은혜는 입을지언정 강급이 되고 해독은 입지 아니하기로서”라고 하였다.

세상에는 중생의 소小만으로 살아온 사람도 많겠지만 다생 겁래로 부처님 회상을 찾아 서원을 세우고 공부를 잘한 사람도 많다. 이런 사람은 대종사님의 법을 찾아 제도를 받게 되면 더욱 빠른 결과가 나타나게 될 것이다.

진급하는 이 회상을 찾아 법신불 사은으로 부터 내리는 은혜를 입으며 복과 혜를 향하고 성불제중을 더욱 서원한 우리이다. 성리에서 시是가 되어 왔기에 해서는 아니 될 비非는 행하지 아니 하였으니 무엇보다 다행한 일이다.

지금 나의 이利는 모두 다생 겁래로 쌓아온 힘의 결과이지만 해害는 지금부터 먼 훗날까지도 나에게는 없어야 한다. 그러니 앞으로도 시是로 공부를 더욱 잘하여 이利를 얻어 성불이 되는 길로 정진을 잘 챙겨가는 우리가 되어야 한다.

우리는 더욱 힘을 내어 성리의 시是로 공부를 잘하여야 유무의 변화에서 대大에 맞추어 절대자리의 일원의 위력을 얻고 체성에 합하여야 한다.

여기에서 예화 하나를 소개한다. 미국인으로 원불교 교역자가 된 ‘데이단 터너(법명 원대선)’라는 사람이 있다. 어머니와 단 둘이 살아온 그는 어릴 적부터 ‘내 삶은 왜 행복하지 않을까?’라는 생각이 늘 떠나지 않았다. 분명 이것은 자신의 큰 불행이었다.

얼마나 마음이 답답하였으면 대학원에 가서 긍정 심리학까지 전공해 보았다. 그래도 이 불행은 물러가지 않았다. 그러다가 '명상'이란 키워드로 인터넷을 검색 하던 중 원불교를 만났다. 그는 승용차로 30분 거리에 있는 '원불교 필라델피아교당'을 곧장 찾았다. 영어로 진행하는 교당 법회를 보자마자 '이곳으로 이사를 와야겠다.'고 생각했다. 따뜻하고 훈훈한 분위기의 교당에서 처음으로 자신의 마음을 채워주는 기회를 경험했다.

결핍된 자신의 마음을 만족하게 채워주니 그동안 닫힌 자신의 가슴이 열렸다. 나흘 만에 영어로 된 원불교 교전을 읽고 어릴 때부터 가슴에 품어 온 고통을 잊고 처음으로 마음의 평화를 맛보았다. 그는 이제 용기가 생겼고 마음공부를 만나 이와 같이 생각이 달라지는 큰 고비를 넘으니 앞으로 잘 살 수 있겠다는 희망이 생겼다.

일체가 유심조였다. 그간의 불행은 바깥에 있는 그 어떤 패러다임이 아니라 내 안에 들어있는 패러다임으로 바뀌었다. 비로소 삶의 겨울이 지나고 봄이 찾아 왔으며 일원상 진리가 있어 원불교 교역자가 된 오늘이 되었다는 것이다.

일원상 서원문에서 "일원의 위력을 얻도록 까지 서원하고 일원의 체성에 합하도록 까지 서원함"이라 하였다.

소태산 대종사가 체성보다 먼저 위력을 앞세우는 것은 우리 중생이 올리는 '서원문'이기 때문일 것이다.

일원의 체성은 성가 4장에서 '사은의 본원이요 여래의 불성'이라 하고 일원의 위력은 '자연의 조화이시요 인과의 법칙'이라 하고 '공유로 은현하시와 고금을 통리하시고'라고 하였다. 여기에 들어있는 체성과 위력이다. 묘용의 이치가 들어서 우주 만물을 살려 내며, 생성 진화하게 하고, 생명을 주어 원리의 위력으로 살아가도록 우리에게 은혜를 내려 주고 있다.

비유를 들면 내 몸만이 나의 전부가 아니다. 마음도 진리가 되어 살아 있는 것이다. 그러므로 진리의 차원에서 내 몸도 마음도 있는 것이다.

여기 체성에 합하고 그 위력을 얻으면 나의 성품은 우주 원리와 하나가 되니 너와 내가 없는 의미로 보아야 한다.

대산 종사께서는 "처음의 대원경지와 평등성지와 묘관찰지로 서원문의 만능萬能 만지萬智 만덕萬德을 갖추는 부처님이 되면, 내가 머물러 있는 곳곳마다 시시마다 대하는 그 곳에서 우주의 원리에 뿌리한 성소작지成所作智의 지혜를 이루게 된다."고 일원상 서원문의 최후 결론을 맺어주었다. 그러므로 누구나 성불할 수 있다는 것이다.

2장

일원상 서원문의 세계화

1. 서원의 노래를 부르세

일원상 서원문으로 세계를 하나로 이루어야 한다.

대산 종사는 세 가지 큰 원[三大願]을 밝히며 '삼학수행송'이라 했다. 일원상 서원문은 대원大願 법문인 셈이다. 큰 원을 이루기 위해서는 세 가지로 수행해야 한다.

① 여래의 큰 능력과 조화

② 큰 슬기와 혜력慧力

③ 큰 실천과 성력誠力

※ 대불사大佛事 일이관지一以貫之

여래의 큰 능력과 조화를 이루면 하나의 세계가 되고, 하나 세계를 만들려면 큰 지혜가 솟아나니, 한 사람부터 성실하게 실천하자는 것이다.

이 서원을 세계 대 불사로 알고 일관하면 이뤄진다고 했다.

일원상 서원문으로 먼저 성불제중의 대 서원을 이루어야 하고 나아가 삼대원으로 온 인류의 실생활에서 활불 세상을 만들어야 한다. 온 인류가 활불이 되면 이 땅은 부처의 낙원으로 변한다. 내 마음이 일원상 서원문의 성지聖旨로 알고 외람되이 뜻을 밝힌다.

우주 원리의 능력을 가진 사람이면 진리의 큰 능력을 소유한다. 일원상 서원문으로 온 인류의 뜻을 살려내면 이 땅은 낙원이 된다.

그런데 세계는 아직도 파란고해라 구해 낼 길이 아득하다. 끝이 없는 괴로운 바다같이 말이다.

우주 원리의 바람이 불어와 온 세계를 시원하게 맑히면 이 땅에 낙원이 건설된다. 사람들의 마음을 우주 원리로 돌려준다면 그 사람은 부처요 구세주라 할 것이다.

이 세계는 나라끼리의 대립이 심하다. 내 나라만의 이념과 이해의 시비로 대립이 된 파고가 하늘처럼 높다. 거기에 또 세계의 인성 문제며, 핵무기의 공포에 전쟁의 위협까지 느끼고 있다. 해결할 방법이 아득하다.

종교로, 정치로, 맑은 진리의 바람으로, 해와 달을 바라보며 하나의 세계·평화의 세계를 합창하기를 염원한다.

종교와 사상과 종족의 울을 넘어 시비이해를 초월하여 우주의 원리, 일원의 진리 앞에 조용한 기도로 하나의 세계요 평화의 세계가 되도록 기도를 올려야 한다.

씨족의 울을 넘어선 우리 형제
민족의 울을 넘어선 우리 형제
종족의 울을 넘어선 우리 형제
종교의 울을 넘어선 우리 형제
하나로 살자 하나로 살자
하나로 살자 하나로 살자.

소리 없는 기도로 하나의 세계 평화의 세상이 이루어지는 그날까지 노래를 부르자. 이 노래는 원불교인의 서원이요 일원상 서원문의 노래로 알고 부르면 언젠가는 세계인들이 호응하여 화답의 노래를 부를 것이다.

2. 일원상 서원문의 세계화

일원은 언어도단의 입정처이요

서원문의 처음 구절에서 먼저 '일원은'하고 시작한다. 우주의 원리는 일원의 진리이다. 또한 법신불 일원상의 진리라고 한다.

일원은 우주의 원리를 말하고 사람의 본 성품을 일원으로 표현하여 일원상의 진리는 내 마음이 된다. 우주와 진리와 인간은 본래 하나임을 알 수 있다. 이 일원의 진리요 사람의 본래 성품은 말과 말이 끊어져 없는 자리이다.

그러므로 이 경지는 우주와 인간이며 삼라만상을 초월한 형이상의 절대 경지가 된다. 절대이기에 상대적인 현실로 보는 자리가 아니다. 인간의 인식으로는 헤아리기 어려운, 세계를 초월한 경지라 소태산 대종사는 언어도단의 경지라고 표현했다.

입정의 경지를 참으로 찾아야 한다. 들어가 분별이 끊어지면 전 우주의 일원 경지가 다 들어간 자리가 진리의 원적 무별의 경지이다. 성스러움으로 가득한 경지인 것이다.

이 자리에 들어가기를 수천 번 수만 번, 수없는 세월을 지나서 최종의 경지에 이르러 찾아주신 소태산 대종사의 대각의 경지이다. 완전히 우주 일원진리의 주인이신 일원불님의 입정의 경지가 일원상 서원문의 '일원은 언어도단의 입정처'이다. 크게 깨쳐서 나오는 자리가 이 자리이다.

대산 종사는 이 자리를 "부처님께서 깨치신 불생불멸의 진리의 자리, 공자님께서 깨치신 무극의 자리, 예수님께서 깨치신 하나님의 자리, 우리의 본래 본지本智 자리"라고 밝혔다.

이는 모든 성인을 하나로 본 대자대비의 발현이다.

유무초월의 생사문인 바

다음은 서원문에서 '유무초월의 생사문인 바'라고 했다. 누구나 이 생사문에 뜻이 선 사람이라면 이 생사문을 마음처럼 통과하여야 한다. 그 실례를 들자면 언어도단의 입정처의 무無자리에서 유有가 되어 나와야 하고, 또 유의 세계에서 입정처의 무의 세계로 들어가기도 해야 한다.

이와 같이 이 문으로 들고 나오기를 수천 번, 수만 번을 반복하다가 10년도 더, 50년도 더, 100년도 더 하다보면 마침내 크게 깨치는 날이 오는 것이다. 깨달음을 자유자재 하여야만 완전히 우주의 원리를 얻었다 할 것이다. 또 과학도, 정치도, 학문도 그 원리를 세우고 자유롭게 막힘이 없어야 경지에 올랐다 할 것이다.

오늘날 과학에서 종교성 인식 근거 문제를 두고 종교와 과학이 서로의 이견을 좁히지 못하고 있다. 특히 과학적인 근거 제시는 어려운 일이지만 우리 원불교에서는 일원상 진리편에 종교적이요 과학적이며 학문적으로 분명하게 그 원리가 서 있음을 찾아 볼 수 있다.

더욱이 서원문의 유무초월의 생사문은 유무 초월한 경지라,

들어가면 종교의 원리요 나오면 과학이라 할 수 있다. 이같이 종교와 과학으로 입증이 되고, 성리의 대大로서 일원상의 진리와 함께 통해야 한다.

현 과학계에서도 과학적으로 우주 원리를 연구하며 찾고 있다. 그리되면 현재 우주의 원리를 추구하는 면과 접근이 더욱 가까워 질 것이다. 더욱이 소태산 대종사는 "우리의 교법을 과학자들이 나서서 입증하리라."고 전망하였다.

천지 부모 동포 법률의 본원이라

천지 부모 동포 법률의 네 가지는 누구나 자신을 이루고 있는 근원적인 바탕 즉, 일원의 진리를 여기 사은의 은혜로 밝혔다.

그 내용을 밝혀보면 누구나 천지가 없다면 인생으로 태어날 곳도 없고 살아갈 곳도 없다. 비로소 우리는 하늘과 땅이 있어 형체를 의지한다.

그러고 보니 이 세계 어디나 있는 그 하늘이요 그 땅이다. 그렇다면 이 하늘과 땅이 생긴 원리가 있을 것이다. 이 원리가 없으면 하늘과 땅이 어디에서 생기고 우리 앞에 와 있겠는가? 없다고 대답할 수밖에 없다.

이와 같이 우리의 부모도 그러할 수밖에 없다.

먼저 사람의 부모를 비롯하여 이 우주와 생물이나 동물은 우리의 부모처럼 그들도 부모가 있다. 그 부모도 생기기 이전 우주 원리는 본래부터 이러한 요인이 있어 온 것으로 본다.

그 원리를 소태산 대종사는 우주의 원리라 하고 우주만유를 곧 일원상의 진리로 보고, 그 진리를 신앙의 대상과 수행의 표본으로 하여 진리적인 신앙과 수행의 표본으로 정했다.

이처럼 원리적인 일원상의 진리를 신앙의 대상과 수행의 목표로 밝힌 점을 고려하여 볼 때 누구라도 자기 자신이 실행해 가야 하는 기본적인 의무이자 도리라고 본다.

우리는 천지 부모 동포 법률을 통하여 우주의 본원이 되는 일원상의 진리를 신앙하고 수행을 하여야 하는 의의가 이 안에 들어있음을 알 수 있다.

그러니 세계 사람이면 누구나 자신이 가지고 있는 인격적인 빛으로 보고 이 빛을 찾도록 하여야 할 것이다.

대종사가 사은의 본원으로서 일원상 진리를 일원상 서원문에 넣어 준 것으로 믿는다. 일원상 서원문을 통하여 우리 본연의 진리성을 깨치도록 한 뜻이 이 속에 깊이 들어있을 것으로 본다.

제불 조사 범부 중생의 성품으로

온 인류마다 자신의 마음 바탕을 가지고 살고 있다. 그 바탕이 바로 일원상의 진리이다. 마음 바탕은 제불諸佛이나 제성諸聖이나 다 같이 자신이 가진 마음의 뿌리이다.

진리적인 뿌리가 없으면 사람으로 생길 수도 없고 자신조차 존재할 수도 없다. 누구나 사람이라면 마음 바탕을 깨쳐야 일원의 진리를 참으로 아는 사람이다.

믿음만으로 그치는 종교도 좋으나 우주의 원리로 살아가는 우리는 그 원리를 신앙하고 수행하는 종교가 원만한 종교라고 본다.

능이성 유상하고 능이성 무상하여

우리는 유상과 무상이라는 진리의 양면성을 모두 가지고 있음을 알아야 한다. 유상은 불변의 원리이고 무상의 속성은 변화의 원리이다. 그러므로 유상은 변함이 없고 무상은 변한다는 것이다.

유상으로 보면 상주불멸로 여여자연하여 무량세계를 전개하였고

우주 만법은 변하지 않는 것으로 보면 여여자연으로 변하지 않고 천만년을 그대로 존재한다. 하늘과 땅, 산과 바다, 삼라만상이나 산천초목, 인간과 동물 등 자연 섭리의 원리는 하나도 변하지 아니하고 그대로 있는 것이다. 그러므로 우리 양심도 우리 성품도 우리를 이루고 있는 일원의 진리는 하나도 변하지 않는다. 우리의 마음도 원리와 하나라 그 중심은 변하지 않는다.

무상으로 보면 우주의 성주괴공과 만물의 생로병사와 사생의 심신작용을 따라 육도로 변화를 시켜 혹은 진급으로 혹은 강급으로 혹은 은생어해로 혹은 해생어은으로 이와 같이 무량

세계를 전개하였나니

변화의 원리이다. 무상의 원리 따라서 이렇게 변한다. 우주 만물을 변하는 이치로 보면 천지는 춘하추동으로 돌고, 사람도 늙으면 죽고, 죽고 나면 또 이 세상에 온다. 비유를 들면 지금 대통령이 앞으로 어찌되느냐? 현재의 심신작용을 따라서 혹은 진급으로 혹은 강급으로 혹은 은생어해로 혹은 해생어은으로 이와 같이 변화되면서 무량세계를 전개한다. 상생과 상극으로 변하면서 인과보응의 이치 따라 자신이 새로 지어갈 뿐이다. 그러므로 우리는 중생이 변하여 부처가 되어야 한다.

우리 어리석은 중생은

어찌 어리석다고 하였을까? 중생은 자성의 원리가 전도된 마음이 되어 사리판단이 어리석다. 욕심과 업장에 이끌려 나오는 생각대로 사는 사람이다. 그러니 중생은 늘 슬픔 속에 살아간다.

이 법신불 일원상을 체 받아서

법신불 일원상은 곧 내 마음의 원리이다. 고로 법신불은 나를 낳아준 부모처럼 내 마음의 근원이다. 법신불 일원상은 우주의 원리라 크고 맑고 밝고 넓어서 끝이 없다. 고로 우주만물을 두루 감싸 안은 법신불이다. 중생은 법신불 일원상의 진리를 체 받아서 수양도 하고 진리를 연마하며 내 마음이 법신불처럼 크고 넓고 밝게 취사를 하는 부처님이 되도록 서원을 세워야 한다.

심신을 원만하게 수호하는 공부를 하며

법신불 일원상의 진리는 지극히 원만하여 우주 만물 허공 법계를 두루 감싸 안았다. 내 마음도 크고 단단한 일원불이 되어야 한다. 그러나 안으로 마음에 진리의 힘이 없는 중생이라 거꾸로 전도되어 내 마음은 오욕에 오염되었으니 슬픈 일이다.

우리는 법신불 일원상을 신앙하고 수행의 표본으로 하여 언제나 원리를 지켜 나가야 한다. 곧 법신불 일원상이 된 그 마음을 지켜 가야 한다. 이 마음이 곧 수양을 하는 마음이 된다. 잘 지켜 내면 내 자신도 일원상의 진리가 된다.

일원상 진리 전에 서원을 올리면 법신불 일원상 진리처럼 내 마음을 원만하게 수호하며 사바세계에 끌리지 않아야 한다. 그래야 우리의 마음도 일원상 진리의 마음이 된다.

또는 사리를 원만하게 아는 공부를 하며

원만하게 알아야 할 것은 다 알아야 원만하게 아는 공부가 된다. 그러나 우리 마음은 편협하여 아는 것이 원만하지 않다. 그러므로 원만하려면 내 마음도 공부를 하여 견성성불이 이루어져야 한다. 삼학 공부를 하여야 한다.

나는 모르는 것이 없을 것 같지만 과연 내 마음이 어디에서 왔는지 아는가? 그것도 모르면서 무엇을 안다고 했는지 참으로 어리석다. 세계 평화를 모르면서 평화를 외치고 있으니 말이다.

소태산 대종사는 세계 평화의 원리를 밝혔다. 세계가 하나의 진리로 이루어진 일원의 진리가 그 원리이다. 원불교는 세계 평화 하나를 만들고 있는 중이다. 결국은 원불교에서 세계평화를 생산하게 될 것이라 믿는다.

또는 심신을 원만하게 사용하는 공부를 지성으로 하여

누구나 마음을 원만하게 사용하고자 하지만 안 되고, 못하고, 만들지도 못한다. 원만하게 사용하려고 하여도 사실은 어렵다. 자신이 없어서 힘쓰는 사람도 없다. 하지만 못하면 누가 하겠는가?

원불교에서 ○원圓의 진리가 나왔다. 이 ○원圓이 심신을 원만하게 사용하는 진리의 스승이다. 정각정행을 하도록 한다. 삼대력을 가지고 하도록 한다. 원만구족 지공무사하게 한다. 그래서 원불교 재가출가가 지금 발 벗고 나와야 한다.

진급이 되고 은혜는 입을지언정 강급이 되고 해독은 입지 아니하기로서

일원상의 진리로 향하여 진급이 되려고 할 때는 이 원상을 수호하는 공부와, 진리를 원만하게 아는 공부와, 실행을 할 때 일원상의 진리처럼 원만하게 사용하려고 공부를 하는 사람은 앞으로 진급이 될 것이다. 그와 반대로 나만을 앞세우는 사람은 자기의 욕심만 채우려다가 오히려 해독을 입게 될 것이다.

바른 길을 가면 진급이 되고 잘못된 길을 가면 해독을 입게 된다. 남에게 마음 아프게 하면 해독이 오고 남의 마음을 열어주면 진급이 된다. 공부에 일심을 다하면 진급이고, 불신 탐욕 나와 우愚를 택하면 해독을 입을 것이다. 진리의 작용으로 모두 마음공부를 해야 할 것이다.

일원의 위력을 얻도록 까지 서원 하고

우리에게 위력을 내려주는 곳은 곧 우주 원리 일원상 진리이고 진리에서 천지 부모 동포 법률을 통해서 내려 주기에 곧 사은四恩이라고 한다.

이 진리의 위력을 얻어 크고 작은 무슨 일이나 진리와 통하면 못할 일도 없고 아니 될 일도 없다. 부처도 이루고 일에 성공을 거두면 행복도 즐거움도 평화도 낙원도 원하는 대로 내려주는 것이다.

이같이 내려 받게 만드는 것은 자기 자신이 만든 것이다. 이 원리가 인과보응의 원리요, 인과의 법칙에서 오는 것이다.

이 세계 사생육도 구류중생이 모두 자신의 몸을 만들어서 그 몸으로 잘 살아간다. 그중의 하나, 바다에 사는 게도 앞 두 집게 발로 적을 물리칠 무기로 알고 쓰는 재미로 산다. 그런데 사람이 그와 같이 자신의 몸을 자신이 만든 줄도 모르고 산다면 바다의 게만도 못하다고 할 수 있다. 자신의 원리를 모르면 누구나 똑같다고 본다. 그러므로 견성을 하여 그 자리를 알아야 참 지혜가 열림을 아는 것이다.

이와 같이 죄복의 원리와 사은으로 내려 받는 진리의 에너지 한계를 계산하는 것이 있으면 잘 쓸 것이다. 이것은 그대로가 모두 인과의 법칙이다.

오래 전, 대산 종사와 문답한 내용이다.

"요즈음 공부를 어떻게 하느냐?"

"삼학으로 공부합니다."

"삼학공부를 무엇으로 하느냐?"

"수학으로 삼학공부를 하고 있습니다."

"수학으로 삼학공부를 어떻게 하느냐?"

"성불을 100점 만점으로 하고 매일 매일 공부가 잘되면 한 점씩 올라가고 잘못하면 내려갑니다. 처음 점수가 잘 오르다가 요즈음 잘 올라가지 않아서 힘이 듭니다."

뜻밖에 대산 종사는 "네 말이 맞다. 잘한다."하더니 "수학으로 삼학공부하는 법이 그뿐이냐?"라고 다시 물었다. "곱셈도 있고, 나눗셈도 있습니다."

대산 종사에게 용기를 내어 법의문답을 올린 것이다. 그때 "너? 삼학공부에 수학이 웬 말이냐? 당치도 않다. 네 공부 머리는 잘못되었다."라고 할까봐 마음 졸인 기억이 난다.

그러나 뜻밖에도 대산 종사는 "수학과 삼학공부는 앞으로 우리 함께 나가야 한다."고 하며 삼학과 수학을 더 연구하라고 하명하였다.

대산 종사와의 문답 후 용기를 얻고 수학을 연구했다. 수학의 함수가 정신수양과 통하고, 기하가 사리연구와 통하고, 대수가 작업취사와 통함을 알았다. 그 깨침을 얻고 나니 이미 대산 종사는 열반하셨다.

홀로 심고로 영전에 올린 다음 허걸 수학박사에게 감정을 물으니 '수학계에도 견성도인이 나오도록 길이 열려 있다'고 하였다. 머지않아 원불교와 수학은 둘이 아닌 완전한 일치점을 찾을 수 있음을 생각하게 된 계기가 되었다.

수학적인 차원에서 원불교 교리 증언 발표가 나온다면 교리는 물론이요 일반 교화 차원의 인식 과정에서 신앙이며 훈련 등으로 큰 힘을 얻을 수 있다고 본다.

그동안 수학을 기초로 과학의 발전과 우주개발까지 그 범위를 확장하였으니 과학적인 위력도 앞으로 우리 진리적인 종교요 사실적인 종교와 하나 되어 같이 낙원 건설에 힘써 줄 것으로 믿는다.

미분, 적분, 방정식이며 요사이 새로 나오는 수학의 원리도 그대로 진리화가 되어 앞으로 쓰인다면 오는 시대의 결복기를 많이 도울 것이다.

수학이 과학 앞에서 원불교를 비롯하여 모든 종교와 정치 세계의 진리 에너지 함축량이 계산 되는 날이 오리라 기대하는 마음이 생겼다.

원불교는 과학적인 종교이다. 멀지 않아 종교와 과학이 완전히 둘이 아닌 일치점을 찾을 수 있다고 본다.

일원의 체성에 합하도록 까지 서원함

체성이라 함은 바로 우주 원리가 되는 자리요 일원 진리의 체성이요 모든 성현들의 마음자리이며 우리들의 본래 성품자리이다.

성리의 대大자리를 말하는 자리요, 분별 이전의 세계요, 지극한 자리이다. 이 자리는 불생불멸이라 우주 전체를 포함한 하나 자리이다. 우주의 중심이요 전체를 가졌으니 주재자라고 할 수 있다.

체성에 합하는 자리가 여기 일원상 서원문의 마지막 귀결점이 된다. 체성에 합하기 위해서 좌선도 열심히 하고, 만법귀일에서 이 자리를 깨치기도 한다. 하루를 살아도 이 자리, 백년 천년 만년 살아도 이 자리이다. 무시선 무처선도 이 마음이다. 그러면 무상 도인이다. 합하는 방법은 정신수양이 중심이고 이를 잘 이루기 위하여 사리연구 작업취사의 힘을 얻어야 한다.

진리는 생함도 없고 멸함도 없으며, 너도 없고 나도 없으며, 주는 것도 없고 받는 것도 없다. 일원상 서원문을 외울 때마다 이러한 뜻을 생각하며 살아야 한다. 이러한 진리를 목표로 한다면 더욱 일원상 서원문을 공부 해야 한다.

우리 모두는 서로 함께 믿고 마음 바쳐 소태산 대종사처럼, 다음 정산 종사처럼, 또 대산 종사처럼 성현을 따르리라 다짐하며, 일원상 진리를 체 받는다 하였으니 일원상 서원의 덕으로 산 부처 활불세상을 만들자.

제3부 성리 본론

1장

성리의 표준

1. 성리의 필요성

성리 공부가 왜 필요할까? 사람마다 이 세계에 태어나면 먼저 일생을 살아갈 지식을 얻어야 한다. 학문을 닦아 세상을 밝히고 자신의 인격 조성과 자신이 나아갈 전문성의 길이 열리기 때문이다. 우리는 대종사의 후예로서 일원의 진리로 마음을 닦고 성리 공부로 일원의 진리를 깨쳐 진리 그대로의 길을 이 세계에 구현하자는 것이 성리를 공부하는 목적이다.

성리의 경우를 들면 <대종경> 성리품 5장에 이르시기를 "큰 도는 서로 통하여 간격이 없건마는 사람이 그것을 알지 못하므로 스스로 간격을 짓게 되나니 누구나 만법을 통하여 한 마음 밝히는 이치를 알아 행하면 가히 대원정각을 얻으리라."라고 하였다.

이어 대종사는 <대종경> 성리품 6장에서 "마음의 형상과 성품의 체가 완연히 눈앞에 있어서 눈을 궁굴리지 아니하고도 능히 보며 입만 열면 바로 말할 수 있어야 가히 밝게 불성을 본 사람이라."고 하였다.

우리 회상이 나아가는 목적도 우주의 원리를 깨쳐서 이 세계가 모두 우주 일원의 진리로 화하여 세계를 낙원 만드는데 있다.

정산 종사가 한때 요양 차 산동교당에 머물 때의 법문이다. 내가 출가를 했으나 아직 공부길을 몰라 헤매고 있음을 보고 "네가 돌이 될 것이냐? 나무가 될 것이냐? 죽은 부처 되지 말고 산부처가 되어라. 곧 활불이 되어라."라고 하였다.

다음날 정산 종사가 직접 찾아 주며 "공부로 일을 하되 일심으로 하라. 일심 외에 더 큰 공부가 없다."라고 의문을 던져주었다. 그 말씀의 뜻을 몰라 의두疑頭로 삼고 며칠을 혼자 궁굴려 보니 한 생각이 떠올랐다.

정신수양도 일심으로, 사리연구도 일심으로, 작업취사도 일심으로 들어가야 한다. 일원상 진리연마도 일심으로 하라는 뜻이 아닌가. 그뿐만 아니라 일할 때도 일심 공부로 하면 아니 될 일이 없음을 알았다. 모든 일을 일심으로 하니 일심 공부가 참으로 소중함을 알았다. 그 후 훈타원 양도신 종사와 상산 박장식 종사와 대산 종사님의 지도를 받으며 일심 공부와 성리 단련에 매진할 수 있었다.

2장

대소유무 시비이해

1. 대소유무의 대大자리

대소유무大小有無는 대종사의 대각 즉, 청풍월상시에 만상자연명에서 오는 첫머리의 각覺에 해당하는 대大이요, 역대 성현에서 보는 공이요, 무극이요, 태극이요, 자연의 자리이다. 이 대大는 모든 법의 근원인 어머니에 해당이 되는 대大이다. 다시 밝히자면 원불교 성리의 대소유무의 머리가 되는 체體에 해당하는 대大이다. 그러므로 이 대大는 모든 법의 비롯으로 어머니에 해당이 되기에 정산 종사 머리에 일원상 자리에다 놓아준 대大로서, 다시 더 변동될 수 없는 이 우주 구조의 원리를 의미한다.

이 원리로서 대大는 우주 만유의 전체를 섭리하는 총체성의 원리요, 인의예지의 인에 해당하는 대大로서 불변 부동성의 원리이다.

이에 따라서 나오는 원불교 성리로 대소유무大小有無의 첫 머리는 우주 구조 원리의 체이요, 이 체에서 나오는 시비이해是非利害는 인간사회에서 성리로서 활용하여야 하는 용用에 해당이 된다.

(1) 일원불은 성리의 대大자리

아 일원상! 진리의 주인인 소태산 대종사는 우주의 원리와 하나인 법신이라. 우주 원리의 주인으로 신앙의 길을 열어 주었다. 모자람도 없고 남음도 없는 무흠무여無欠無餘의 원圓으로 일원상을 표본 지어 거룩하게 원불교를 열었다.

소태산 대종사는 하나를 드러내면서도 크고 넓어 작고 큼을 초월하니 그 하나가 이 우주를 두루 하였다. 있고 없음이 어디 있을까? 없으되 없음도 아니라 우주의 원리 일원상의 진리 그대로를 나타내었다.

대종사는 이 세계 온 누리 온 중생의 대자대비하신 어버이로 일원불이나이다. 맑고도 밝게 온 무리를 부처로 드러낸 소태산 주세불이외다. 산 부처로 온 누리 가득하도록 원불교를 열었나이다. 임께서는 걸림 없는 이 큰 공간을 다 채워 이 누리 이 한 몸! 한 세상 가득하나이다.

소태산 대종사의 지혜 광명은 일원 진리라 영원하다. 대종사 대각이 그러하고 원불교 회상도 그러하다. 우리의 교법이 광명이고 출가, 재가의 이 공부 이 사업이 모두 그 빛으로 가득하다. 이 광명이 크고 밝아서 우주를 싸고 남아 영원하리라 믿는다. 이 광명 따라 세계와 우주도 모두 범주에 들어 있으므로 그 빛을 받게 된다. 그러므로 이 광명은 원리로 보아 정산 종사가 대소유무에서 밝힌 그대로 대大이다.

대종사는 온 생령이 진리의 광명을 얻도록 성불제중의 자각각타自覺覺他를 몸소 성신聖身으로 실천하였다. 또한 마음으로 실행으로 법으로 법문으로 닦아 이루어 내는 큰 자비를 그대로 보여준 성인 중 성인이다.

일원상 진리, 일원 광명, 색신으로 우주만유의 본원을 보여주며 제불 제성의 심인이며 일체 중생의 본성을 그대로 보여주었다.

우주 삼라만상에 변함이 없는 체성과 광명의 범주에 들지 아니함이 무엇이 있을까? 없음으로, 이 광명 그대로 이 세계는 진리의 세계를 이루었다.

제불 제성의 심인으로 이룬 세계 여러 종교도 하나의 진리 광명임을 알았다. 모두가 하나로 받들어 일체중생의 본성으로 하나의 낙원을 이루오리다.

대소에 분별이 없고 있고 간에 모두가 부처이고 성인이니 어느 누가 일원의 진리를 외면할까? 모두가 하나인 일원 진리의 빛이 아닐 수 없다.

진공묘유의 광명 따라 이루어지는 진리의 세계라면 어느 누가 낙원의 범주에서 욕심의 파도를 삼킬까? 아무도 없을 것이다.

(2) 원불교는 대大자리 회상

원불교는 일원상의 진리로 우주 원리를 밝혀낸 진리적인 종교요, 사실에 바탕을 둔 과학적인 종교이며, 생활에 유익을 주는 생활의 종교이다.

원불교는 이 세계가 처음으로 맞게 될 낙원세계 건설의 목표를 이루어내는 종교이다. 낙원세계를 미룰 수 없고 누구에게 맡길 수 없다는 말이다.

소태산 대종사는 원불교를 열면서 '물질이 개벽되니 정신을 개벽하자'고 하였다. 앞으로 넘어야 할 굽이굽이 고개가 많이 있을 것이니 미리 대비하여 힘을 길러야 하는 것도 원불교의 몫이다.

앞으로 있을 파란만장의 고해 즉, 물질의 세력을 간파하고 진리적인 종교의 신앙과 사실적인 도덕의 훈련으로서 정신의 세력을 확장하여 물질의 세계를 항복 받아 광대무량한 대 낙원세계를 이루는 종교라는 말이다.

그러므로 정산 종사는 대종사의 회상을 대大자리로 모셔 만천하에 공포하였다.

(3) 일원 진리와 교법은 대大자리

원불교는 한국 영광 땅에서 소태산 대종사의 대각大覺으로 출현한 종교이다. 원불교 그 이름대로 일원 진리의 대 회상이며, 법계의 인증을 받아 이룬 종교이다.

사은사요와 삼학팔조로 교법을 정하고, 호남 땅 이리裡里에 원불교중앙총부를 건설하고 교화를 시작한 새로운 종교이다. 또한 정산 종사는 원불교의 교리를 성리적인 관점에서 대大자리로 모셨다. 따라서 원불교는 한국은 물론이요 세계 곳곳에 그 기반을 닦은 종교로 앞으로 낙원세계를 이루려는 대 서원을 가진 진리적인 종교라고 할 수 있다.

원불교를 풀이하면 '원'은 일원의 진리로 우주의 원리이고 소태산 대종사의 대각의 진리이다. '불'은 원의 진리를 깨침을 의미하고, '교'는 이 세계 모두가 믿고 공부할 수 있도록 가르치는 종교를 말한다.

이 진리를 마음으로 믿고 닦고 또 닦아서 부처를 이루어야 한다. 우리의 원불교를 마음에 두고 하루하루 닦아서 그 이름처럼 다 실천하자는 것이다. 그러므로 원불교 교명을 정산 종사는 대종사 성리의 차원에서 진리와 통하여 성리의 대大가 되도록 하였다.

원불교 재가출가 교도는 대종사의 개교정신 그대로 진리적인 신앙과 도덕적인 훈련으로 진리적인 인격을 완성해야 한다. 원불교는 주세종교로 그 이름답게 진리적이요 사실적인 종교이다. 세계의 어느 일이나 머리를 열어주는 세계 일원진리가 들어있다. 우리가 먼저 열리고 깨야 진리적으로 바르고 폭넓고 원만하게 열리는 것이다.

그러면 정신적으로 아무리 어려운 일도 생활에서 풀리지 아니하는 일이 없을 것이다.

온 인류가 실행해 나갈 인생의 요도와 공부의 요도를 밝혀 정각정행 지은보은 불법활용 무아봉공으로 낙원의 길을 열었다.

소태산 대종사의 반야 지혜 광명은 일원 진리의 빛이라 우주의 원리 그대로 넓고 밝다. 시방에 두루 하여 걸림 없는 빛이요, 온통 임의 체성과 위력이라 빈 곳도 없고 남음도 없다하여 무허무여無虛無餘라 한다.

임의 빛으로 교법 이루고, 반야의 혜광과 대자비로 널리 중생을 건지는 교법으로 내리니 정산 종사는 대종사의 성리에서 낙원세계와 함께 주세불로 받들어 성리에서 대大로 모셨다.

(4) 일원 성리의 기본은 대소유무 시비이해

일원상의 진리는 대소유무의 성리로 분별이 없는 여래의 자리이며, 생멸거래에 변함이 없는 자리이며, 선악 업보가 끊어진 자리이며, 언어 명상이 돈공한 자리로서 공적 영지의 광명을 따라 이룬 진리의 광명인 그대로의 대종사이다.

일원상의 진리는 소태산 대종사가 대각을 이룬 우주만유의 궁극의 원리요 우리 마음의 근본 바탕이 된다. 그대로 우주와 시방세계를 두루 둘러싼 원리가 됨으로서 이는 바로 만유를 살리는 진리의 힘이다. 우주와 만유가 약동하는 원동력이 되므로 정산 종사는 일원상의 진리를 성리의 대大로 모셨다.

이 세계 일체만법이 일원 진리의 범주 안에 들지 아니함이 하나도 없음으로 일원상의 진리를 우리의 마음으로 받아들여 믿음과 공부를 다 하고 있다.

일원상의 진리처럼 더 큼이 없고, 넓고 높으며 깊고 밝음이 어디에 있겠는가. 이 우주는 이 일원의 진리로 되어 있어 우리가 여기에 살고 있다.

이 진리는 거룩하여 크고 가득하다. 단단하고 굳세다. 하나도 결함이 없고 모자람이 없어 그대로 원 ○ 하나로 이루어져 있다. 우리가 살아가는 은혜가 일원상의 진리로 되어 이 우주 안에 그 은혜가 가득하다.

성리의 대大자리인 체體는 이 우주의 법신이라 언제나, 어느 곳이나 대종사의 입정의 경지에서 하나의 세계를 이루었다. 각각의 나라마다 세계를 생각하여 합일合一의 체감으로 보았다.

성리로 거룩하게 한 권속 열어 주겁住劫의 낙원에서 대종사와 머무는 그 시대를 희망한다. 우리는 대종사와 나란히 자리를 같이하여 입정에 들어 대大로 하나의 마음이 되어 우러러 받들기를 염원한다. 하나로 절대 성리의 대大로 언제나 하나 되기를 갈구하면서 말이다.

소태산 일원불이 성리길을 열어 돌아오는 낙원시대의 길을 밝히고, 정산 종사는 대종사의 성리에서 임을 대소유무의 대大자리에 모셨다.

(5) 불생불멸과 인과보응은 대大자리 원리

일원 진리의 체성은 법신이라 불생불멸하다. 시간과 공간이 없는 일원상 진리의 체성이요 진리적 생명의 본원이 된다.

인과보응의 원리는 원인과 결과로 인간이 사생과 육도로 돌고 돌아 변화하는 우주의 법칙이 인과보응이다. 이 보응이 있어 자신의 몸과 마음으로 업業을 지은 결과에 따라 돌고 도는 선악善惡과 고락의 업이 있다. 길흉화복으로 자신이 짓고 받는 원리가 이것이라 정산 종사는 불생불멸과 인과보응 두 원리를 일원상 진리의 속성으로 보고 성리의 대大자리로 놓았다.

한량이 없는 진리의 수명은 불생불멸하고 임은 언제나 이 우주를 초월하여 여여불변으로 일원 법신法身이 되어 만물을 정定이요 정靜으로 원圓을 이루되 형상形相 없이 오직 하나 만유의 바탕이 되어 왔다.

사람의 성품을 이루어 유무를 가리지 아니하고 우리를 어느 때나 공부가 되도록 문을 열고 닫으며 쉬어가게 해주었다. 우리 마음을 높고 크게 키워주며 밝혀주기를 수억 수천만 년 변함없이 사생과 육도의 일체 생령들을 만들어 보호하여 사생과 육도를 지켜주며 키워주는 은혜로 우리를 살도록 하였다.

진리를 깨친 모든 성현들이 이곳을 찾아주며 함께 분별이 끊어진 자리에서 쉬게 한다.

인과보응은 무엇인가? 보응으로 돌아가는 묘용의 형상은 보이지 않으나 일원 진리에 뿌리를 두고 하나하나 착오 없이 이 묘용이 들어서 모두의 앞일을 밝히고 있다.

일체 중생들은 인과보응 이 원리가 마치 큰 바퀴가 돌아가듯 돌아가는 그 속에서 살아가고 있다.

하나 아쉽고 어려운 문제는 자신이 원하지도 않은 상극의 고난과 희생을 받아야 하는 경우가 있다. 이를 모면하려면 어찌해야 좋을까?

오는 희생을 모면하려면 자신이 먼저 당하는 그 경계의 원인과 결과를 깨쳐서 참회와 반성으로 회향하는 길을 찾아 불공과 성리의 대大를 찾아 올라야 한다.

원불교가 있다. 진리에 마음을 맡기고 모두 즐겁게 살게 한다. 우리 또한 진리 따라 이 땅에 낙원세계를 이루고자 하니 바른길 거룩함을 받들어 일원의 진리와 함께 성리의 대大를 이루자. 모든 생령들이여!

(6) 일원 진리는 법신불의 대大자리

원불교에서 일원상 진리의 진여를 법신불로 이름 하였다. 이는 곧 우주의 원리를 뜻한다. 우주의 일만 법이 여기 법신불에 머리하고 있다. 그 실상을 대종사의 대소유무의 성리로 정산 종사는 대大자리에 모셨다.

법신불은 이 우주의 원리가 되는 일원상 진리의 체성에 해당한다. 원불교의 교법을 이룬 대종사가 밝힌 대소유무의 성리에서 정산 종사는 법신불을 대大자리로 모셨다.

우리는 성리의 대를 향해서 법신불이라는 이름으로 무아봉공을 다하려 한다. 우리는 우매하여 무명과 죄업에 이끌려 탈선은 없는지 두렵다.

어둠에 이끌려 혹 큼의 진리를 험 하지나 않을까 뒤돌아본다. 또 옳은 자리를 놓고 그름에 이끌려 가지나 않을까 하고 돌아본다. 우선 눈앞에 이끌려 해害의 길로 들어가지 않을까 마음이 놓이지 아니한다. 법신불 사은님께서 이 마음을 살려 내는 길로 인도하여 이 몸 삿됨이 없기를 바란다.

법신불에서 보신불이 나오고 화신불이 나왔다. 이를 종합하여 소태산 일원불로 매듭지었다. 법신불은 체가 되어 신앙의 원리가 되고 일원불로서 삼학의 원리까지 된 법신불이다.

이 세계를 건지기로하면 일원불이 나와야 하고 산 부처의 길이 열려야 한다. 앞으로는 활불이 되는 시대라 우리의 이 서원이 이루어지는 그날이 올 것이다.

법신불의 진리이시여! 우리 모두 결복의 성업 5백년 거룩하게 이루어지도록 길 열어 주시옵소서. 모두 두 손 모아 올리나이다. 이끌어 주시옵소서.

(7) 일원상은 대大자리 상징

우주 만법이 둥근 원圓 ◯ 속에서 하나 되어 이루고 있으니 대종사의 대각에서 이 하나가 세계 ◯의 진리로 거룩하게 하여 이 세계에서 일어나게 하여 주었다. 정산 종사는 ◯을 대大의 자리에 모셨다.

대종사는 일원상의 진리를 ◯의 이치로 정하고 이 진리는 불의不倚 불변不變 부단不斷이라 했다. 즉 만유를 섭리하되 이와 같이 사가 없이 지공무사하다. 이 법을 대종사가 대소유무로 나투심을 보고 정산 종사는 대大자리에 두었다.

일원 진리를 ◯이라 하였다. 물고기가 아무리 커도 물속에서 낳고 죽으니 물고기가 볼 때는 ◯을 보고 생명의 근원은 물이라 할 것이다. 그러므로 그 물고기는 자기의 생명을 물에 의지한다. 이와 같이 우리는 ◯의 진리에 의지한다. 바르게 믿고 참되게 사는 것도 우리는 이 진리에 맡기고 산다. 그러나 같은 물도 태평양 바다가 더 크다. 그러니 우리는 법신불 일원상의 진리에 의지하여 이와 같이 더 큰 공부를 해야 한다.

영통을 얻으면 과거와 현재와 미래를 본다. 불생불멸의 진리와 인과보응의 이치를 얻은 사람이 되면 생사도 자유 할 힘을 갖는다. 이러한 사람 역시 일원상 진리에 들어 있으니 ◯은 대소유무의 대가 될 것이다. 그러면 진리의 체성과 위력이 여기에 함께 하는 사람이 될 것이다.

정산 종사는 공부가 미숙한 이 몸에게 꾸중을 내리며 '너는 너 하는 대로만 그저 두지 못하겠다.'고 대자대비로 미래를 챙겨준 일은 꿈에도 잊을 길이 없는 ○의 진리와 인과보응의 법으로 알고 오늘날 까지 그 법을 얻으려 정진하고 있다.

(8) 일원상 신앙과 수행은 대大자리

신앙과 수행이며 교화가 하나 같이 일원의 서원 실천이 되면 다르게 나타난다. 이와 같이 믿음의 원리와 수행의 목표와 교화가 하나로 이루어지면 진리의 원동력에서 지극의 자리에 이르게 된다. 그러면 우주 일원에 합한다.

대종사의 대소유무에서 정산 종사는 성리의 원리로 보고 대大라 하였다.

그러나 교화 그 자체는 그 사람 처지와 시간과 인과가 따르니 성리에서 유무가 된다.

우리의 신앙과 수행의 목적은 진리에 합하는 데에 있다. 합하면 하나가 된다. 그 결과로 보아 우리 모두의 원이 이루어지는 일이니 대종사의 대소유무에서 정산 종사는 대大에 두었다.

우리 공부를 해 보면 그렇다. 원불교 공부를 하면 법위가 올라갈수록 크고도 간절한 원을 세우는 것이 사실이다. 우리는 이 세계가 전쟁이 없는 하나의 세계가 되면 그만치 평화가 이루어지며, 그만큼 낙원 세계가 되는 것을 원하게 된다.

그러므로 원불교 회상에서 올리는 소중하고도 간절한 염원이면 그 원이 마침내 100점 만점 현실에서 이루어질 날이 올 것이다. 시일이 가까워지는 그만치 평화로 돌리는 진리의 운전대가 돌아가는 것으로 보아야 한다. 그러므로 6.25 한국전쟁 당시에 인민군들이 남쪽으로 내려가는 그들의 사령부를 총부에 두고 보니 우리는 밖으로 밀려나고 인민군과 무기들이 가득한데 정산 종사의 지극한 기도가 들어서 그 전쟁의 피해를 막고 총부를 구했다.

대종사의 성리의 표준에서 대소유무의 대에 놓으며 이 회상의 교화와 공부길을 잡아 주었다. 이처럼 신앙과 수행의 공덕은 위대하다.

(9) 원만구족 지공무사는 대자리

신앙과 수행이 원만구족하고 지공무사의 경지에 이르면 두렷한 부처의 인격이다. 정산 종사는 대종사의 대소유무의 성리에서 대大로 하였다.

교법으로 보아 원만구족하고 지공무사가 이루어짐은 일원의 진리를 다 이룬 자리이다. 고로 대종사의 대소유무 성리자리에서 정산 종사는 대소유무 기준대로 원만구족 지공무사를 대大자리에 두었다.

원만구족하고 지공무사하면 광명과 위력이 보일 때도 있다. 예수와 이차돈이 그러하였고, 원불교 구인선진도 그리 되었다. 반백년 기념대회도, 영산 탄생지의 햇무리도, 정산 종사 삼동윤리 선언 때도 그러하였다.

(10) 돌아오는 낙원세계를 대大로 정하다

돌아오는 새 세계 앞날에 있을 진리의 세계가 낙원세계이다. 진리가 모두 이루어진 세계이다.

즉 진리의 즐거운 경지를 현실에서 이루니 그 세상은 이 세계 온 인류의 이상이요, 대종사가 밝힌 대소유무의 성리세계이다. 정산 종사는 낙원세계를 대大의 자리로 정하였다.

우리 회상 교법으로 낙원세계를 우주 원리 차원에서 현실의 생활까지 진리와 하나 된 즐거운 세계가 되니 대종사의 성리에서 밝힌 대소유무의 표준 법문으로 정산 종사는 대大로 정하였다.

몇 달간 똥지게를 지고 보리밭을 가꾸어도 냄새가 싫지 않고 즐겁게 하였다. 아무리 힘든 물지게를 몇 해씩 져 보았지만 그때도 공부가 좋았다. 그래서 지금도 하라하면 기쁘게 할 것이다. 공부도 모두가 유심조이다. 낙원도 지옥도 마음이다.

(11) 일원 진리의 체성과 위력은 성리의 대大자리

성리의 대大가 있어 소유무 시비이해를 섭리하고 공부의 표준을 세워주니 정산 종사는 일원상 진리의 체성과 위력을 성리의 대大로 두었다.

우리의 교법으로 볼 때 일원상 진리의 체성은 불생불멸이다. 체성에서 위력이 되어 나옴이 체성의 위력이다. 그러므로 정산 종사의 성리 표준에서 대大자리에 놓았다.

진리의 광명은 일원 진리의 체성에서 나오고 위력이 있으면 예수의 부활처럼 이적이 나오는 법이다. 아마도 불교의 이적이 많았음은 사실이다. 또한 불법연구회 초창 마령교당의 박혜련화의 이적도 하늘이 낸 사람으로 놀라운 일이었다. 이제 원불교 위력은 삼학공부의 삼대력이라, 진리의 법력을 위력으로 보아야 한다.

(12) 일원 진리의 신행이 지극하면 대大자리

일원상 진리에서 보면 일원상 진리에 바치는 신심과 서원이며 기도와 심고는 성리의 대가 되니 정산 종사는 성리의 대大자리로 밝혔다.

우리 회상의 교법으로 보아도 일원상의 진리는 최상의 경지의 대大이다. 사람이 이에 신심, 서원, 기도, 심고 올림이 지극하면 일원의 진리에 합해주는 결과가 된다.

그리되면 일원의 진리로부터 위력이 내림으로 대종사의 대소유무의 성리로 정산 종사는 대자리로 놓았다. 따라서 심고, 서원, 기도의 내용은 사람의 사정 따라 다르기에 소小가 되고 유무가 이에 따르며 시비이해에서 뜻이 이루어진다.

사람의 마음이 지극한 자리에 들어가면 일원 진리의 감동이 있게 된다. 그래서 하감지위 응감지위가 있게 된다. 하감과 응감이 있으면 본인의 복불복에서 결정이 난다.

(13) 일원상 진리와 우주의 원리는 하나이며 대大자리

일원상의 진리는 우주에 가득 찬 하나의 원리요, 우주의 원리 또한 우주만물을 이룬 진리이니 진리는 원리로 피어나고 원리 또한 진리로 만물을 살려낸다. 모두가 둘이 하나 되어 살리면 그 사람은 부처를 이룬다. 그러면 성리의 대大가 될 것이다. 이런 사람을 정산 종사는 대大로 두었다.

원불교 원리인 일원상 진리에 뿌리를 둔 법문은 모두 성리의 대大이다. 설교도 본래 성리의 대大에서 나오는 것이라 모두 대大에 합하는 법문이면 대大이다. 이것이 아니라면 법이 아닌 마설魔說이라 어찌 법의 위상이 세워질 것인가. 그러니 내용이 대大에 머리하지 않은 소小라면 그것이 어찌 법이 될 것인가? 그러므로 대소유무의 법이 서야 법문이고 마음이 진리로 살아나야 법이 된다. 정산 종사는 그렇게 하였다. 가시가 돋친 마음은 법이 아니고, 가시가 없는 법이 서야 한없이 큰 사람이라고 하였다.

감각과 감상이 지극하면 법을 이루고 세상에 깨침과 유익을 준다.

(14) 스승과 법을 살리면 대大자리

세상에서 견성을 하고 성불을 했다는 사람이 나올 수도 있다. 성리의 대大를 살리지 못하면 아니 된다. 교단에서 인증하는 스승이 있어야 하고 교단을 살려야 대大가 된다.

원불교의 원리인 일원상 진리에 뿌리를 둔 법설이요 설교를 한다고 주장하는 사람이 여기저기서 난리다. 말은 대종사의 성리처럼 잘 할지라도 법이 서지 아니하면 참은 아니다.

감각과 감상이 지극하면 법을 이루고 세상에 깨침과 유익을 준다.

'일원상의 종지는 대大자리를 응하여 건설된 법'이라고 정산 종사는 밝혔다.

(15) 무선 무악이면 대大자리

입정으로 무선 무악에 들어가면 마음이 맑아진다. 잡념의 그림자도 없다. 뜨거운 마음을 시원하게 맑혀준다. 그 자리에서 다함없는 달이 솟는다. 그 사람의 업보가 녹아나고 인과도 끊어진다. 이 자리를 정산 종사는 대소유무의 성리에서 대大자리에 두었다.

교법으로 보아도 마음에서 선도 없고 악도 없는 경지에 들어가면 인과에도 걸리지 아니하고 업보에서도 벗어나니 선악을 초월한 부처의 마음이 된다. 일원의 체성에 합하면 헤아릴 수 없는 경지에 들기도 한다. 이 경지를 대소유무의 성리에서 정산 종사는 대大자리에 두었다.

마음공부를 하여도 선악이 끊어진 자리에 들어가는 사람은 생사 거래를 자유하게 된다. 예를 들면 예수님이나 이차돈이 모두 그러하였다. 대종사의 성리에서 정산 종사는 대大자리에 두었다.

지나간 인간 세계 성겁成劫 주기를 다시 고려하여 보자. 그때는 모두가 자신의 뜻을 이루자니 남과 싸워 이겨야만 했다. 그 가운데 죄도 없이 희생을 당한 사람은 원망이요 원한을 품고 기회가 있으면 보복의 칼날을 세워 왔다.

그때는 지금과 같은 세상이 아니었다. 오늘날 북한이 핵무기를 앞세우고 우리에게 위협하는 것은 그 시절에 희생을 당한 업장에서 생기는 것이니 원을 풀어 주어야 한다. 그것도 진리를 모르고 생긴 관계이니 그들도 완전한 자력을 얻어 생사의 자유를 얻고 죄의 업보를 벗어나면 남한에서 하는 일을 알게 될 것이다. 서로 하나 이루는 일이니 결국 하나가 될 것이다.

평화의 원리는 형이상으로 무선無善 무악無惡이요, 형이하로 보면 능선 능악이다. 우리는 일원의 진리를 믿어 평화의 원리에 선악이 없고 인과의 원리에도 선악이 없음을 하루빨리 깨쳐 능히 자유자재의 법력으로 평화를 만들어 남북한이 통일되어 길이 즐기기를 기원하자.

대체로 인간이 행함에는 선과 악의 인과가 따르고 그의 원리에는 일원 진리가 있다. 여기에 나오는 일원상의 진리는 또한 평화의 원리가 된다. 그러므로 평화의 원리는 무선 무악이면서 이를 인과로 밝히면 인과가 끊어진 평등의 원리가 되고 성리의 대大라 한다.

이러한 평화의 원리를 사람들 마음속에 가지고 살면서도 6.25 한국전쟁 이후 남과 북이 갈린 채 70여 년의 세월이 흘렀다. 더욱이 평화통일이라는 숙제를 풀지 못한 채 말이다.

이 원인은 남과 북의 이념의 차이도 있지만 그보다 성리에서 보면 멀고 먼 과거로부터 쌓아온 서로의 불평과 증오와 원한이 업장業障이 되어 뭉친 결과라고 보지만 남북분단 70년 세월이

야속하기만 하다.

산에서 살던 맹수들, 범이나 사자들도 이제는 사람들과 친하게 지내는 사이가 되었는데 남북한은 해결할 기미가 보이지 않는다. 대종사의 성리로 해결의 원리를 찾아보면 '사람의 성품에는 선도 없고 악도 없다.'하였으니 바로 이 원리가 평화다. 그런데 통일의 원리인 '평화'를 마음속에 가지고 있으면서 평화를 풀지 못한 채 이제까지 살아왔으니 답답할 뿐이다.

북한 내부의 쿠데타로 통일된다면 그도 바람직하지 않다. 외세를 빌린 무력통일은 더더욱 안 된다. 우리 민족 간 원한을 푸는 해원解冤 기운의 조성이 먼저다. 다음은 마음의 변화부터 서로 먼저 평화로 돌려야 한다. 그렇지 않으면 악의 순환은 반복될 뿐이다.

우리 염원은 통일의 진리로 하나가 되어야 한다. 이것이 우리가 원하는 남북통일의 염원이다. 여기에 일원상 진리가 들어가야 한다. 동시에 대소유무 시비이해가 들어가야 굳었던 얼음이 녹는다.

성리의 대大는 우주의 원리요 일원의 진리이다. 이 세계 누구하나 반대하고 거절하고 거부하는 사람은 진리적으로 하나도 없을 것이다.

우리는 남북한 평화통일을 위하여 소태산 대종사의 선악을 초월한 평화의 원리에 입각하여 일원 진리의 힘을 기르면서 평화의 마음을 단련하자.

(16) 언어 명상이 끊어진 자리는 대大자리

언어명상을 안으로 거두어들인 자리는 곧 체성이 공한 자리이다. 공空이요 무無를 어찌 표현할 수 있을까? 모양이 없으므로 이가 바로 우주 만유를 총섭하는 우주의 원리가 된다. 이 자리가 공적 하나 뿐이라 정산 종사는 이를 성리의 대大자리에 두었다.

원불교 교법으로 언어 명상이 끊어진 자리를 일원상 진리의 체성이라고 표현한다. 언어도단이라고도 한다.

우리 공부로 보면 분별이 끊어진 자리를 공적의 자리라 한다. 또는 원적무별이라 한다.

본래에는 공이라서 선도 악도 없지만 사람끼리 서로 일을 보는 방법이 다름의 경우를 본다. 정치적인 민주주의의 방식과 종교적인 신앙의 차원에서 약간 다르다.

우리는 일원상의 진리라, 모두가 반대 없는 원리 원칙을 본위로 세워가야 한다. 원만구족하고 지공무사하다. 전체가 하나로 공화주의라야 한다. 그러나 서로 맞지 않아 마음 아플 때도 있으니 이 또한 괴롭다. 너그러이 보아주며 우리는 믿음으로 살아가자. 일원상의 진리를 믿는 마음으로 스승님을 믿고 동지를 믿자. 진리를 알아 서로 이해하고 믿어주어야 한다.

일체 차별 의식이 어디에서 나올까? 사람들 마음에서 나온다. 그러나 사람의 마음 본 고향은 언어명상이 끊어진 자리이다. 이 자리에 들면 그 사람 마음이 밝아진다. 진리의 세계가 열리고 희로애락과 생멸거래의 착이 끊어져서 진리 세계가 되면 마치 민주주의를 손에 들고 구슬 굴리듯 마음대로 한다.

○은 하나의 진리요 삼매三昧요 공空이요 무無로서 이루어진 법이라 모두 우리 앞에 다가오고 있다.

(17) 대소유무가 끊어진 자리는 대大자리

대소유무가 끊어진 자리란 무엇일까 자문해 본다. 대大는 우주의 본체이요, 소는 우주만물이요, 유무有無는 있는 것은 없어지고 없는 것은 있어지는 변화이다.

대소유무 이 자체가 끊어진 자리가 있다. 어디에 있으며 없는 그 경지는 어찌되어 있는가? 그 자체 실상을 어떻게 표현할 수 있을까? 이 자리는 표현의 길이 없다고 지금까지 하여왔다. 그러나 또 대종사는 이 문제를 풀어내야 한다고 밝혔다. 이 경지를 정산 종사는 대종사의 대소유무 성리의 대大자리로 표현하였다.

교법으로 보아도 대소유무의 차별이 없는 큰 자리는 대大이다. 대大라는 이 우주 속에서 서로 해害를 입지 말고 다 같이 잘 살자는 것이 성리의 대大의 목표이다. 그러니 이 세계는 우주의 대소유무 시비이해를 제대로 풀어서 남을 이해하며 평화롭게 잘 살자는 것이다.

우리 인간이 세계평화를 파괴하는 원인이 무엇인가? 그 원인도 알고 보면 자신에게 있다. 우주 원리가 만드는 대소유무 시비이해를 모르고 자기 욕심의 시비이해로만 살면 모두가 전도顚倒의 사고방식이 되고 만다.

그러므로 우리는 싸움이 없는 평등의 원칙을 성리에서 찾아야 한다. 그 원인은 오직 대우주大宇宙에서 인과因果는 평등이라는 평등의 원칙 그 하나를 찾지 못하는 데에서 나오는 착각에 원인이 있다.

세계의 차별의식 때문에 생기는 다름과 다툼이 연속되어 이 불화의 문제를 해결 못한다. 그러면 그 원칙을 어디에서 찾을 수 있을까? 오늘날 세계의 큰 숙제로 알고 우주의 원리와 자연법칙을 보고 또 마음공부를 통하여 알아 깨쳐야 한다.

진리가 만드는 대소유무 시비이해를 먼저 마음공부 해야 한다. 이 공부를 해야 서로 보는 간격이 없어지고 평등의 진리가 마음에 잡힌다. 평등의 원칙을 모르면 싸움이 생긴다. 이러한 처지에서 우주 하나 큰 원리가 새로 나오면 되는 문제이다. 이 큰 원리를 찾으면 우리 인간이 서로 잘 살아가는 원칙 하나를 여기에서 찾을 수 있다. 해와 달도 질서대로 백년이고 만년이고 하루같이 돌고 돈다. 무수한 별들도 서로 죽고 살고가 없다.

그런데 우리가 사는 지구는 어찌 이와 반대일까.

대소유무 시비이해를 제대로 이해하면 살아날 것이다.

지구는 하나이다. 하나인 사람들은 각각의 나라로 갈라져서 서로 다투며 서로 피를 흘릴까? 우리가 이 문제를 해결 해야만 한다.

우주 원리를 닮아 우주 원리처럼 크게 보고 크게 살면 이 세계는 한 집이 된다. 그러면 한 권속인데 어찌 서로 너와 나로 갈라져서 다투면서 남을 죽일까? 하나 우주를 살아도 대소유무 시비이해를 잘못 욕심으로 풀어 가면 싸우기 마련이다. 그러나 우주에는 원리 싸움이 없다. 우주의 질서로 살 뿐이다. 음과 양이 순환하고 대소유무에서 질서가 여여하기 때문이다.

세계도 우주 원리처럼 성리를 세워 각각의 개인 가정 국가 세계 우주가 모두 질서를 알고 살아가야 한다. 다 같이 하나로 알고 살면서 서로 도와주며 살아야 한다. 잘 알면서 살고, 서로 해害를 주지 말고 살아야 한다.

잘살자는 법도 일원상의 진리로 우주의 원리이다. 진리대로 살자는 것이 우리의 성리이다. 이것이 우리들의 공부요 세계 사람들이 살아가는 길이요 책임이며 의무라고 본다.

대소유무 시비이해를 나의 수행에 비춰보면 나의 본래 성품 자리는 대大이다. 대大에서 우주와 만유와 나의 몸과 마음이 나왔다. 그러니 나의 본래의 대大자리요 또 선禪에 들어 하나의 분별이 없으므로 원적무별의 본래에 그쳐 있다. 이도 역시 대소유무에서 대大자리이다.

이 자리에 들어가면 너도나도 없으며 불생불멸하고 불구부정하며 부증불감한다. 이 자리를 정산 종사는 대大자리라 하였다.

이 대大자리는 전체요 나의 지극히 맑은 자리이며 밝은 자리이다. 이 자리를 깨친 사람은 나가대정那伽大定에 들어간다. 그러면 대반야지大般若智가 나온다.

여기에 들어가야 비로소 성인의 대열에 설수 있다. 그러니 지극한 자리이다. 앞으로 낙원시대가 되면 모두가 이 자리에 들게 된다.

이 세계는 먼저 전쟁부터 대소유무 시비이해로 막아야 한다. 전쟁을 좋아 하는 민족, 국가, 사람도 문제이다. 그들도 평화를 만들기 위함이라 하니 하는 말만은 비단 같다.

돌아오는 앞날의 세계도 싸움만큼은 막아야 한다. 이 세계 모든 사람을 위하여 전쟁만은 없애는 방법을 찾아야 한다.

원불교는 일원상의 진리가 있다. 이 진리는 우주의 원리가 되고 평화의 원리가 되며 모두 대소유무 시비이해의 원불교 성리로서 이루어졌다.

우주와 이 세계 첫 머리의 말은 대大로부터 시작한다. 그래서 우주 전체를 높여서 대 우주라 하고, 전 세계를 높여서 대 세계라 하며 대한민국도 우리나라 전부를 높여서 대한민국이라 한다. 원불교 전체를 높이자면 대 원불교가 된다. 이 대大가 첫 머리에 들어가면 전체를 크게 높여 줌이 된다. 그러므로 대소유무大小有無의 첫머리가 되는 대大가 먼저 있다. 여기의 대大는 상대적인 대大가 아니라 절대적인 대大이다. 상대적인 자연현상은 그대로 물질이라 여기의 물질을 사용하는 사람의 정신과 마음공부와 교법과 이치로 보는 성리임을 알아야 한다.

다만 성리에서 대大를 응하여 일원상 진리의 내역이 이루어졌으니 이 진리 안에 들지 아니한 법이 이 우주와 이 세계에 하나도 없다. 일원상의 진리 자체가 성리에서 보는 대大와 하나이다. 그러므로 우주의 원리도 하나이다. 그래서 성리의 대大라고 하였다.

성리는 어느 물질에 속해서 이루어진 성리가 아니고 진리와 진리가 행하는 길 전체를 가지고 대소유무 시비이해로 이루어진 성리이다.

우리 인류 유사 이래 처음으로 소태산 대종사는 일원의 진리를 내니 이 진리가 바로 성리요 우주의 원리가 되었다. 그러므로 우리는 이 진리를 받들어 믿고 닦아 깨쳐서 성불제중과 제생의세의 대 성업을 이루기를 서원했고, 더욱 이 성리를 받들어 세계의 전쟁을 종식하고 하나의 세계, 평화의 세계, 낙원의 세계 건설을 염원하고 있다.

(18) 생멸 거래가 끊어져 없는 자리는 대大자리

우주 원리의 자리에서 보면 생멸 거래가 끊어져 없음을 안다. 입정의 경지에 들어가면 일체 만법에서 벗어나 별유천지처럼 이 세상이 된다. 이 자리가 참으로 극락이고 천당이다. 대종사의 성리에서 이 경지를 정산 종사는 대大라고 하였다.

현재 생멸거래의 인과의 이치를 모르는 사람은 밝게 비춰주던 불빛이 꺼지듯 아무 생각 없이 절망 속에서 산다. 과거의 어두운 법으로 사니 절망 뿐이다. 희망으로 돌려 자력을 얻도록 하자.

(19) 만법의 근원인 공空과 무無는 대大자리

우리가 살고 있는 집은 기초가 약하면 무너진다. 만법의 근원이 약하면 이 우주는 무질서와 혼돈상태일 것이다. 공空이요 무無는 만유의 어머니라 우주 건설의 토대이다. 우주는 공空과 무無보다 크고 단단하고 밝음은 없다. 그러기에 이 우주와 세계는 영천영지할 뿐이다. 만법의 근원을 대종사의 대소유무 성리에서 정산 종사는 대大로 모셨다.

교법으로 보아도 모든 만법의 근원을 찾으면 분별이 끊어진 공空이요 무無가 된다. 대종사의 성리에서 대소유무로 보아 대大자리는 공空이요 무無요 원圓이요 평등이라 정산 종사는 공空이요 무無를 대大자리에 두었다.

우리의 공부로 보아도 만법의 근원이면 대자리로 깨치는 경지이다. 깨치고 보면 성리의 구경이 되는 공空이요 무無이요 원圓이요 평등平等의 자리가 대大임을 알게 된다.

(20) 나가대정, 무루대지, 무위대행이면 대大자리

우리 공부가 나가대정, 무루대지, 무위대행이 되면 성불의 경지요 여래의 자리로 대大라 한다. 앞으로 이 세계 결복 500년 후면 온 인류는 낙원세계에 살게 된다.

나가대정 무루대지 무위대행에서 우리의 공부도 최고의 경지인 대원정각을 얻게 된다. 그러므로 나가대정의 경지는 일원의 체성에 합하고, 무루대지는 반야대지의 경지요, 무위대행은 여래행의 경지인지라 일원 진리를 마음대로 쓰고 지키며 낙원세계를 이루게 된다.

성리의 첫 머리의 대大는 대大로서 마치 한 세대의 부모가 여러 자녀들을 거느림과 같다. 부모는 대大요 자녀들은 소小다. 부모는 자녀들을 올바르게 가르치고 키워서 그들이 앞으로 다시 자녀들을 거느리는 훌륭한 대大가 되도록 키워내는 것이 부모들이 해야 하는 책임이다.

그러므로 우리도 부처가 되어 앞으로 모든 사람을 부처로 만들어가야 한다. 그래서 성리의 첫머리인 대大는 우리가 가진 내 마음과 육신이 부처라 부처된 육신으로 만들어내야 한다. 우주 만물이 물질이지만 이 물질도 모두 부처의 몸이라, 대소유무와 시비이해를 섭리하는 성리와 하나가 되어야 한다.

다시 설명하면 처음 첫머리의 대大의 자리에 나의 어머니가

서서 계셨다면 그 어머니는 자녀들을 낳아 키워서 내가 어머니로서 내 자녀들도 나보다 더 잘 되도록 한 대代를 낮추어가면서 대대로 부처되어 이어 내려가게 하는 것이다. 다시 또 설명하자면 내가 낳아 기른 내 자녀도 나처럼 부모가 되게 하는 것이 어머니로서의 대大를 잘 해낸 사람이 된다. 이와 같이 하면 전 인류가 이 성리 속에서 부처가 되는 것이요, 모두 제도를 받게 되는 것이다.

이러한 성리가 진리적으로 이루어지면 이 자체가 원불교 교화가 되어 전 생령을 제도하는 것이다. 이처럼 성리가 교화를 도와서 새로운 세계를 개척해가는 길이 성리의 길이다. 무선무악의 성리에서 전쟁을 없게 하여 세계 각각의 나라들이 싸움 없이 하나의 세계를 즐길 수 있게 하는 일을 해야 한다. 이미 이 세계는 UN이 만들어 졌으니 세계종교연합인 UR만 이 세계에 만들어지면 이 세계 다른 종교와 함께 세계 전쟁을 없게 하며 하나의 UR로 세계가 하나 되면 마음 놓고 평화의 세상을 즐기게 되는 것이다. 이와 같이 미래세계를 열어가는 목표가 바로 원불교의 이상이요 희망이며 원불교의 교화요 원불교 성리의 길이 된다.

대소유무 이 성리는 일원 진리의 거울이라 이 거울 앞에서 어찌 이 세계에 해害될 일을 하겠는가. 평화를 깨는 계략이나 과정들이 모두 성리 앞에 서면 새 세상이 만들어진다.

진리에 맞는 공부가 이루어지면 성리의 시是를 행하게 되고 앞으로 오는 세상 대대로 일원 진리로 이어져 가면서 그 사람은 한없는 성리의 이利를 보게 될 것이다. 지금의 이 세계 사람들은 성리 하나를 모르고 사는 사람들이 많으니 답답하다. 오는 세상이 열리면 모두 성리의 거울 앞에서 성리의 소小들이 제도를 받아 종전에 행한 싸우는 비非를 버리게 되고 이같이 비非를 버리게 되면 성리의 해害를 받지 않을 것이다. 모두 자기가 지어 받는 성리의 비非요 해害를 버리게 되니 모두가 성리의 시是로 돌아와서 이利를 즐기는 사람이 된다.

대종사의 대자대비가 가득히 내 마음속에 들어있다. 그러면 그 행위는 파사현정破邪顯正의 결과가 바로 나타나게 된다. 이 파사현정의 성리는 바로 사람의 이론으로 나오는 것이 아니다. 성리 그대로 사람이 행하고 보면 진리가 그대로 이루어지는 것이다.

대종사는 <대종경> 성리품 3장에 "선과 악을 초월한 자리를 지선至善이라 이르고 고와 낙을 초월한 자리를 극락이라."고 했다. 어찌 그리되느냐 하면 마음이 맑아지니 그리될 수밖에 없다. 지극한 경지에 들어가면 선善도 없고 악惡도 없으며 잡념도 그림자도 없다. 이러한 세계를 모르고 사는 사람은 시비와 이해로 덮인 마음으로 사니 그 진의를 모른다. 사람의 생각만으로 사는 그런 사람과는 다르다. 마치 깊은 밤 고요한 하늘에 둥근 달만이 비춰주는 것처럼 진리가 떠올라야 한다. 이것은 사람들이 하는 비난이나 말로 따지는 자리가 아니다.

<대종경> 성리품 4장에서 "큰 도는 원융圓融하여 유有와 무無가 둘이 아니요, 이理와 사事가 둘이 아니며, 생生과 사死가 둘이 아니요, 동動과 정靜이 둘이 아니니, 둘 아닌 이 문에는 포함되지 아니한 바가 없나니라."고 했다.

다시 <대종경> 성리품 10장에서 "여러 골짜기에서 흐르는 물이 지금은 그 갈래가 비록 다르나 마침내 한곳으로 모아지리니 만법귀일의 소식도 이와 같나니라."라고 하였다.

<대종경> 성리품 26장에서 "그대들은 형상 있는 물건만 소유하려고 허덕이지 말고 형상 없는 허공 법계를 소유하는 데에 더욱 공을 들이라."고 했다.

우리는 오늘의 이 성리로 정신문명의 진리의 길이 열리도록 살려내고 물질문명의 이 세계를 바르게 열어 세계에 있는 전쟁의식을 평화로 돌려서 하나의 세계, 평화의 세계를 건설하여 나가야 할 것이다.

2. 대소유무의 소小자리

여기 소小라고 하는 성리의 뜻은 <정산종사법어> 경의편 제 36장에 "대소유무의 이치를 따라 인간의 시비이해를 건설한다."는 법위 조항을 해설하시기를 "사은의 내역들은 소小자리를 응하여 건설된 법이요."라고 하였다.

이어서 말씀하시기를 "사사 처처事事處處에 보은 불공하는 도를 잘 알아 행하라 하신 것은 소小를 운용하는 법이요."라고 하였다.

대소유무의 성리 내용인 <정산종사법어> 경의편 36장을 자세히 풀어보면, '일원상의 종지는 대大자리를 응하여 건설된 법이요, 사은의 내역들은 소小자리를 응하여 건설된 법이요, 인과와 계율 등 모든 법은 유무有無자리를 응하여 건설된 법인바, 성인의 법은 어느 법이나 이치에 위반됨이 없이 시비이해가 분명하게 짜인다.'고 하였다.

대소유무 시비이해를 두고 소小자리의 의의를 다시 자세히 찾아보면, 정산 종사는 우리가 성리를 얻을 때에는 반드시 일원의 종지는 성리의 대大자리가 되므로 이를 통하여 성리를 얻도록 하였다.

또 다시 사은과 삼학의 원리는 일원상의 진리라 성리로 볼 때 대大의 자리가 된다.

사은과 삼학의 내역은 소小자리가 된다고 정산 종사는 또 밝혔다.

인과와 계율의 원리는 일원상의 진리가 대大인지라 현재 소小자리에 있는 중생은 이 대大자리를 믿고 닦아 그 힘으로 대大자리에 오르도록 하였다.

이에 따라 대소유무를 밝히고 시비이해로 성리를 활용하면서 사람이 자신의 힘을 기를 때에는 개인의 변화와 사정에 따라 이利와 해害의 변화가 따르므로 소小는 역시 소小자리를 밝혔다고 믿는다.

그러므로 소小자리는 처음 중생으로부터 출발한 자신이 되어 신앙과 수행으로 유무에서 인과와 계율을 지키며 사은과 삼학으로 신앙과 수행을 하여 시비이해의 훈련 과정을 지키고 힘을 길러서 일원상의 진리에 도달하면 우주의 원리에 이른 성리의 대大자리에 이르게 된다는 것이다.

아울러 소小의 자리에서 보는 시비이해의 내용은 시비이해를 활용하는 데에 따라 시비가 분명하고 사람 따라 이利와 해害가 바뀌면서 유무有無따라 진급 강급이 있게 되고 선인선과善因善果 악인악과惡因惡果라는 인과因果가 따르기에 유무有無자리에 두었다는 정산 종사의 법문을 그대로 믿는다.

소小자리의 개인 공부는 일원의 체성을 체 받아 이루는 일심一心과 선禪을 대大로 하고 이 대大를 응용하는 법도 대大로 하였다.

다음 사사불공 처처불상 보은의 도리는 인과와 유무가 따르니 소小라고 하였다.

유무에는 변화가 따르니 집착하지 말고 유무를 활용하는 법으로 유무를 세우고 보면 대大가 된다는 것을 믿는다.

(1) 대는 소를 품고 소는 대의 힘으로 자란다

성리의 대大는 일원 진리의 법신 보신 화신을 가진 대大이라 소小인 일체중생을 대大가 들어 중생 모두를 품에 안아 앞으로 대大가 되도록 키워준다.

정산 종사는 대종사의 대소유무 성리에서 소小를 소小자리에 놓고 앞으로 힘을 길러 대大에 합하도록 하였다.

대종사님이 어느 교당에서 설법을 하였다.(대종사와 일원의 진리와 법신 보신 화신 모두가 성리의 대大자리이다) 그 마을에 사는 사자 할머니라는 무서운 할머니가 처음으로 교당 법회에 나와 앞자리에 앉아서(진리를 모르는 개인이라 성리의 소小자리이다) 대종사님의 법문을 받들었다.(대종사는 성리의 대大자리이다) 설법 도중에 뜻밖에 일어난 할머니가 놀란 목소리로 "지금 말해주시는 그 말씀이 참말이십니까? 참으로 그런 지옥이 있습니까?"(아직 법을 모르니 성리에서 소小자리이다) 그 말을 들은 대종사님이 "그럼 내가 전라도에서 여기까지 거짓말 하러 왔을까? 대답을 해봐?"라고 하문하니(대종사 성리에서 대大자리이다) 사자 할머니가 그 자리에 엎드려 울음을 터뜨리며 '아이고 나 죽으면 그런 지옥 밖에는 갈 데가 없다'며 넋을 놓고 울었다.(성리에서 소小자리이다) 대종사님이 그 할머니를 타이르며(대종사님 성리에서 대大자리이다) '출진화出塵華'라는 법명을 내리며 공부 잘 하라고 하였더니 훗날 항마위

에 올랐다.(일원상 진리를 향한 대종사 성리에서 대大자리가 되다)

이 법문은 당시 영산출장소장 낭산 이중화 법사로부터 전해 들었다. 대大는 소小를 안아 키워내며 소는 대를 받들어 자라 대大를 찾는 길에 들었으니 이는 일원의 진리에서 나오는 살아 있는 성리이다.

위의 말씀을 자세히 풀면 지금까지 나왔던 대大는 마치 어머니의 몸속에 있는 아기에 비유할 수 있다. 어머니는 대大이고 아기는 소小가 된다. 우주 전체의 원리요 진리는 대大가 되고, 그 우주 속에 든 일월성신이나 삼라만상이 생기는 것은 모두 소小인 까닭이다. 그러므로 우주가 대大라면 이 세계나 사람이나 국가나 동식물은 소小가 된다.

어머니는 대大가 되기에 우주 일원의 진리는 만물을 생산하고 키워서 어른이 되게 하는 것이다. 이 세계나 국가나 사람들을 키워서 다시 부모가 되도록 만드는 것이 대소大小성리의 자리로서 임무요 책임이 성리에서 따른다. 대종사님이 대각을 이루고 일원상 진리 그대로 성리의 길을 이루어 낸 성리이다.

대종사님이 성리를 밝힌 것은 누구나 교전의 교리를 빨리 깨쳐 성리를 활용하거나 일반사회인도 누구나 진리에 맞는 공부로 진리를 쉽게 깨쳐 활용할 수 있도록 한 까닭이다.

대종사님의 거룩하심을 알아 이 법을 살려서 우리와 인연이 없는 사람도 일원상의 진리를 알고 활용할 수 있도록 하자.

교법으로 보아도 성리는 또 성리다운 공부의 목적이 있다. 먼저 자신부터 알아야 한다. 나는 무엇인가, 내가 사람이면 자신의 처지와 내가 해야 하는 일이 또 무엇인가를 바라보고 나의 앞길을 열어가야 한다.

현재의 나의 일이 장래에는 어떠한 결과가 될 것인가를 알아야 한다. 그러면 현재의 소小보다 험한 지옥을 장만하지 않을 것이며 무간 지옥에 떨어지는 일이 없을 것이다.

소小는 부처되기 이전의 범부요 중생이다. 마음을 아무리 잘 써도 마음의 고삐가 약하면 전날의 업장이 밀려오는 대로 상상할 수 없는 무서운 함정에 빠지는 사람도 있다. 어느 중생이나 마찬가지로 위험하다. 마음을 다스려주는 스승님을 찾아 성리 공부를 해야 함정에 빠지지 않을 것이다.

(2) 대와 소로 나눠짐은 마음 바탕 차이

우주 원리의 바탕은 일원 진리로 무한대이다. 대종사는 무한대이며 우주의 원리를 감싸 안고 성리를 밝힌 대大이다.

부모의 품이 대大라면 그 품에서 자라는 자녀들은 소小이다. 그 어린 자녀가 자라 부처 이루는 길에 들어서서 무시선 무처선하고, 처처불상 사사불공으로 마음공부를 잘하고, 사은에서 효행하여 부처를 이루면 성리의 대大가 된다.

그러니 공부의 힘이 없는 소小에 해당하는 사람은 대종사의 만학천봉답래후萬壑千峰踏來後 무속무적주인봉無俗無跡主人逢을 거울삼고 자신을 닦아 이루면 소小자리에서 대大가 된다.

사람마다 얼굴이 다르듯 산도 높고 낮음과 나무까지도 다르다. 성리에서 보면 소小이다.

산의 정상에 오르면 사방팔방 위아래 모두가 밝고 높고 깊고 큼을 다 볼 수 있다. 산 정상에 오르듯 속 깊은 수행을 하면 절대의 진리 빛을 얻어 일원 진리에 이른다.

산 높이가 다른 정상에 올라간 사람마다 내가 최고봉의 왕이라 하면 참 부처는 누구일까? 산의 높고 낮은 정상마다 각자가 오른 산이 대大인 것 같지만 그중에 제일 높은 산에 오른 사람이 대大이고 나머지는 소小이다. 그 이유는 국가의 대통령이나 도지사나 시장 등 모두가 장이지만 총수는 하나 대통령과 같음이다. 다른 사람은 자신이 장은 장이지만 절대의 장은 아니다.

그래야 세상은 질서가 바로 선다.

원불교를 모르는 일반사람도 본래부터 그 사람 마음 바탕에는 불성이 갊아 있다. 앞으로 원불교에 입교하여 일원 진리를 믿고 마음을 닦아 보통급에서 특신급, 상전급, 항마위를 이루고 출가위, 여래위까지 오르는 공부를 참 마음으로 할 수 있다. 현재는 우주의 원리를 모르는 소小이지만 성리에서 공부를 열심히 하면 대大에 오를 사람으로 보고 성리에서 대大로 본다. 도중에 마음이 오염되면 도로 소小에 떨어진다. 다시 시작해야 한다. 그래서 참회가 있다. 이때는 소小가 된다.

소小가 변하여 대大가 되려면 계문으로부터 솔성요론을 행하고 인생의 요도인 사은 사요와 공부의 요도인 삼학 팔조를 닦아 일원상 진리를 향하여 올라가야 한다.

이 길을 빠짐없이 이행하는 사람이면 소小에서 대大로 오르는 성리 공부를 한 것이라 비로소 대大가 된다.

○ 견성의 다섯 단계

1) 만법귀일

'만법귀일의 실체를 증거함'이라 하니 일심을 챙겨 모으는 공부가 된다.

2) 진공소식

'진공의 소식을 아는 것'이라 하니 비운 마음자리를 알아 챙기는 공부를 말한다.

3) 묘유진리

'묘유의 진리를 보는 것'이라 하니 진공의 마음 바탕을 밝혀 행하는 공부이다.

4) 보림공부

'보림하는 공부를 하는 것'이라 하니 진여본성을 지키고 길러가는 공부이다.

5) 대기대용

'대기대용으로 이를 활용한다'하니 동정역순에 무위대행으로 자유자재 하는 공부이다.

견성 다섯 단계를 내 마음에 비유하여 풀어 본다면

1) 만법귀일은 내 마음 밭 곡식농사에 생기는 잡초는 다 뽑아내야 한다.(이같이 내 마음 공부를 하여야 한다)
2) 진공소식은 잡초는 뽑아 없애고 곡식만 온 밭 가득 자라게 가꾼다.(공부에서 본래면목인 자성을 얻어간다)
3) 묘유소식은 곡식에 꽃이 피고 열매가 생겨 익힌다.(진면목으로 자성의 꽃과 열매로 익어간다)
4) 보림공부는 만물 가을 곡식을 거두어들여 창고에 저장한다.(자성의 힘이 온 우주 가득하도록 쌓아간다)
5) 대기대용은 큰 사람 작은 사람 모두 부처로 제도한다.(모두가 부처이니 대자대비로 중생을 건진다)

이 견성 다섯 계단이 아래 소小가 변하여 대大로 올라가는 길을 열어준다.

(3) 대大는 소小를 안고 소는 대를 믿고

누구나 본래 대大는 크고 넓고 맑고 밝고 높고 깊고 끝이 없다. 그래서 성리의 대大이다. 그러나 사람들이 크게 쓰면 좋은데 작게 쓰기를 좋아하다가 작게 되었다.

작은 소는 본래 맑은데 작게 쓰다가 더럽게 쓰게 되고, 밝게 쓰다가 어둡게 되고, 높게 쓰다가 낮아지고, 깊게 쓰다가 눈앞만 보게 되어서 본래 부처가 중생이 되었다. 이것은 과학의 진화설 보다 더 높은 차원인 우주 원리의 불생불멸의 진리이다. 그래서 오늘날 성리의 대大와 소小가 나온 것이다. 이것이 사람 마음 바탕의 변화이다. 본래 이 원리 자체는 불생불멸의 대大이다.

일반 사람들이 마음을 잘 쓰지만 일원의 진리가 우주의 원리임을 모르고 자신의 뜻만으로 산다면 성리에서 소小에 들어간다. 성리에서 소小이라, 일원의 진리에서 자신의 인생의 요도가 있음을 모르는데 어찌 진리 생활을 하겠는가. 자신만으로 살자니 진리를 모르고 산다. 그러니 소小이다. 어느 사이에 어찌 될 줄 모르니 생멸거래에서 진리를 믿는 것처럼 할 수가 없다. 인생의 요도에 진리가 들어있는 까닭이다. 그러니 어려서부터 교당에 나가 신심 있게 마음을 공부하며 인생의 길을 배워야 한다. 사은에 봉공하면서 염불 좌선 무시 무처선을 하여 힘을 얻어 견성하고 성불을 한다. 이것이 대大에 이르는 길이다. 중생이 부자간에 다투고 형제끼리 재판을 하는 원인은 돈이요 마음의 변화이다. 그러니 이것은 성리에서 소小이다.

우주의 원리는 일원상 진리로 되어 있기에 진리를 믿고 진리처럼 살아야 한다. 그러므로 대종사는 인생의 요도와 공부의 요도를 정하여 마음이 변하지 아니하고 썩지도 아니하며 언제나 본래처럼 불생불멸하고 불구부정하고 부증불감으로 변하지 아니하도록 이 법을 제정하였다. 이것이 대大에 이르는 길이다.

남북은 20년 안에 봄바람이 불어 평화통일이 되어야 한다.

서로 한 몸인데 남과 북으로 죽고 죽이면 안 된다. 독아毒牙의 이빨 으르렁대며 70년이나 긴 세월을 보냈다. 풀리는 강물로 한바다 될, 평화의 씨 하나가 허공으로 날아갔다.

2015년 8월 20일, 남북한 회담에서 남북관계 개선조항이 합의되었다. 전 조항은 생략하고 "4) 남북은 준전시 상태를 해제하기로 하고, 5) 남북 이산가족 상봉진행, 적십자 실무접촉을 9월초에 갖기로 하고, 6) 남북은 다양한 분야에서 민간 교류를 활성화하기로 한다."라고 했다.

이 땅은 세계 일원 진리가 머무는 정신의 부모국이 되어야 하기에 그 기초 다짐의 70년이란 세월이 흘렀는가 보다. 이제 남북통일의 대성업도 이루어져야 한다.

진리의 위력으로 통일의 희망이 이루어지도록 심고와 기도를 올린다. 미약한 힘이나마 전 국민의 염원이요, 우리의 서원이니 위력을 크게 내려주시기를 법신불 사은전에 간절히 기도

올릴 뿐이다.

우리는 일원 진리를 가진 사람들이다.

◯ 심고와 기도로 우리 마음을 담아 진리에 바쳐서 남북통일이 이루어지면 된다.

◯ 때가 되면 민간교류 활성화로 혈연과 인연을 만나면 된다. 직접 간접으로 북한과 맺어진 인연들을 찾으면 되고, 물질교류로 인연관계의 문답식 교화를 한다.

◯ 첫 인연의 가정에서 준교화를 시작하자. 경우에 따라 물질을 후원한다.

◯ 간판 붙이는 것은 정치에 맡긴다.

교단은 평화통일이 오기 전 국가보다 먼저 통일 준비를 하고 그들에게 과격한 행동을 하지 말아야 한다.

◯ 평화정치를 잘 하도록 뜻을 맞추어 간다.

◯ 남북한 사이 통일의 기운이 무르익어야 하고 그때는 반드시 올 것이다.

◯ 통일 이전에 원불교가 북한에서 정식 종교로 인증 받아야 한다.

무수한 고난과 역풍을 맞을 것이니 몸과 마음이 공公과 공空이 되어 천신만고를 이겨내야 한다.

남북한 당국자들이 통일을 준비하는 자세는

◯ 강자 약자의 진화상 요법에 근본을 두고 남북한이 서로

한 몸이요 한 나라를 앞세워 편착이 없이 양보하는 방향으로 협의가 이루어져야 할 것이다.

◯ 중도中道에 바탕을 두고 남북한이 서로 신뢰하는 기운을 조성해야 한다.

(4) 대大와 소小를 나누고 뭉쳐라

우주의 원리는 일원 진리로 성리의 대大라 많은 자녀들을 안고 있는 부모처럼 만유를 일원의 진리가 하나도 빠짐없이 안고 있다. 그러므로 대大로 보면 대大로서 나 하나이다. 또 대大 안에 들어 있는 소小로 나눠 보면 또 한이 없이 작아져 가는 소小이다.

또 많은 소小를 뭉쳐서 일원상의 진리가 되는 대大로 모으면 대大 하나로 모아진다. 그러니 합하면 대大로 모아서 하나가 된다. 또 나누면 작게 나누어져 소小 세계로 작아진다.

대大를 소小로 나눠도 보고 소를 뭉쳐서 대를 만들어 보라 하였다. 이를 풀기로 하면 일원의 진리는 우주의 원리로서 마치 부모처럼 대大가 된다. 많은 우주 만물 가운데 우주의 원리를 부모로 한 자녀들은 그 원리의 힘으로 자라는 소小가 된다. 많은 소小들이 모여 소小이지만 부모와 같은 대大에 합하고 보면 부모의 대와 많은 자녀들과 하나가 된다. 그러면 많은 자녀는 부모의 대大에서 하나로 만들어진다.

이같이 하여 많은 자녀들이 하나가 되어 소小끼리 모아서 부모가 되는 성리의 대大에 합하고 보면 결국 소小끼리 모아서 부모의 대大에 합하니 결국 소小가 모아서 하나가 되었다.

이와 같이 또 다음 대代를 이어받은 후손들은 자녀들도 많은 소小끼리 합하여 대大가 주는 신분의성信忿疑誠을 내려 받아서 공부를 잘하고 보면 또 위의 대大의 힘을 받아 대대손손 전 인류가 모두 부모의 대大와 합하여 하나가 되는 것이다. 그러고 보면 이 세계사람 모두의 불신不信 탐욕貪慾 나懶와 우愚가 없어진다. 여기에도 신분의성에 따르면 진급이요 성불로서 성리의 대大에 들게 되지만 반대로 불신 탐욕 나와 우에 끌리면 강급이 되고 해독을 입으며 지옥에 떨어지고 만다. 이것이 소小의 작용이다.

이것이 대大를 나누어 소小를 만들어 내니 중생의 소이다. 소를 모아서 대를 만들어 내는 일이다. 이는 소가 모아서 대가 되는 성리의 법칙이다.

사람들마다 이 법대로 대大가 대大로 되고 소小가 모두 대大가 되면 그곳에서 낙원이 이루어진다. 삼대력三大力을 길러 그 위력을 잘 활용하면 대대로 대大 아님이 하나도 없는 태평세계가 건설되는 것이다.

다음 대大를 소小로 만들 줄 알고 소를 대로 만들 줄 안다. 중생을 부처로 보아 중생을 제도하면 대大이다. 부처되어 중생 제도를 많이 하여 부처 만들 줄 알면 큰 부처도 알게 된다. 우주의 원리를 남김없이 대각을 이룬 소태산 대종사도 우주의 원리가 내 마음이요, 우주와 만물은 소태산 대종사의 몸이요 우주의 진리는 소태산 대종사의 분별로 나투어 쓰는 도구인 셈이다. 이것을 알면 대大이다.

이 우주를 태양계 은하계 공간과 여러 별들에 속한 지수화풍으로 나누어 갈라지면 그들마다 작은 우주가 생긴다. 이것은 소小라고 한다.

부처님도 본래 대大라 모아둔 힘으로 중생 제도하다 보면 불퇴전 공부로 무시 무처선을 평상시에 모아둔다. 중생도 본래는 부처였지만 갈라져서 중생이 되었으니 본래대로 작은 정신 곧 분별심이 되는 소小를 많이 모으고 진리의 빛도 모아 밝아져서 부처가 되는 것이다. 소小를 대大로 만들었다.

필자가 하섬해상훈련원에 근무할 때의 일이다. 내왕하는 손님들을 위해 육지에 하섬분원을 마련하기로 했다. 하섬 입구 노루목에 부지와 묵은 집 몇 채를 사고 수리를 했다. 그 후 대산 종법사를 초청하기로 했다.

하룻밤 사이 뜻밖의 홍수가 나서 하섬 입구가 막혔다. 온통 물바다가 되어 못 오실 줄 알고 있었다. 그런데 대산 종법사와 그 일행이 탄 차가 황톳물을 가르고 들어선 것이다.

그 때 필자의 가슴은 두근거렸고 대산 종법사를 뵈니 황송하기 그지없었다. 영원히 잊지 못할 대자대비의 은혜를 느꼈다. 그저 신기할 뿐이요, 상상하지 못할 일이 되었다.

이 일을 대소유무로 나눠보았다. 대산 종법사의 방문은 대이고 맞이하려는 나의 마음은 소이다. 홍수가 난 일은 유무의 변화다. 물난리 속에 대산 종법사가 못 올 것이라고 믿는 마음은 소이다. 그런데 물난리 속에 방문하여 영생의 감동을 준 대자대비의 마음은 대大자리라고 본다.

(5) 욕심으로 떨어지면 소小

이 소小가 중생으로 떨어짐을 부끄러이 여기고 분발심을 내어 본래의 서원이던 대大를 향하는 믿음과 수행으로 마음을 밝혀가자. 또한 소小끼리 모여 공부하여 크게 이루면 큰 원이 뭉쳐 한 교당을 만들고 교구를 만들어 교단이 이루어진다. 다시 하나하나가 큰 하나로 뭉치면 대大가 되고, 일원상의 진리요 우주의 원리로 하나로 합한다. 그때 비로소 성리의 대大가 된다.

대大는 탐착이 없다. 탐착이 없으면 대大이다. 마음에 탐착이 있으면 소小이다. 그 탐착을 떨치고 소小끼리 합해서 우주 원리와 합하면 일원상 진리가 되니 성리의 대大이다.

소小는 갈라진 소小이지만 대적공하여 삼대력을 얻으면 또 소小가 변하여 대大가 된다.

또 소小가 들어가서 정신수양을 잘하면 우주의 원리와 일원상의 진리에 합하게 되고 그 위력을 얻어 세계를 자유롭게 만들면 대大가 된다.

정산 종사는 "천지는 대大이지만 피은 조목과 보은 조목은 소小가 된다."고 하였다. 소小의 자리에서 보은의 조목을 잘 이행하면 자신도 부모가 될 날이 오듯이 대덕大德을 합하는 대로 내 자신이 천지의 대덕을 이루면 성리에서 대大와 합하게 된다.

또한 대大로 보면 작은 먼지 하나 까지도 대大가 된다. 대大는 먼지 하나지만 그 속에 미세한 먼지의 분자들이 소小가 되는 까닭이다. 이 우주를 대大로 보면 우주 만유 전체가 대大가 되고, 소小로 보면 모두가 대大에 따른 분자로서의 소小가 된다.

한 나라의 대통령이 그 나라의 대大라 하면 그 아래 각 장관들은 소小가 된다. 또 한 사람의 장관이 대大라면 그 밑의 각 국장은 그 장관에 따른 소小이다.

마찬가지로 과장이 대大라면 그에 따른 직원들은 또 소小가 된다. 그 직원이 집에 돌아가면 한 집안의 가장이 되니 대大가 되고, 그 분의 자녀들은 소小가 된다. 그러므로 어느 누구나 대大가 되며 대大로서 소小를 거느리는 소小가 반드시 있게 되는 것이다.

내가 소小가 되면 대大를 받들어 지켜주는 소小가 되어 주어야 하는 도道를 다 해야 한다.

어느 사람이나 속 쓰림의 무서운 고통을 겪지 아니하고 성공하는 사람은 없을 것이다. 이것은 대大이다. 남에게 존경받는 사람이 되는 것은 그저 되는 것이 아니다. 뼈를 깎아내는 듯하지만 아픔에 굴하지 않고 많이 겪어 이겨내는 사람을 본다. 역시 대大이다. 역사적인 인물은 모두 그러하다. 우리의 선진들 어느 누구나 할 말 다 하지 아니하고 이겨내 온 선진을 본다. 이처럼 우리 후진들을 위하여, 이 세계를 위하여, 이 회상을 위하여 성스러운 진리의 원동력이 되어주려고 힘 쓴 우리의 선진들이다. 그러므로 선진들은 역시 대大이다.

우리는 한번 죽어 만고에 흔들림이 없는 그 기초를 닦아서 진리의 에너지가 샘솟도록 다 같이 다짐을 하자. 역시 우리의 동지들은 대大이다.

우리는 대종사의 일원 진리와 정산 종사의 삼동윤리를 마음으로 받들며 살아간다. 그러니 대大이다. 하나의 세계를 열기 위하여 열심히 선禪을 닦으며 공부와 사업을 하는 우리다. 국내와 마찬가지로 국외에 나가 한 지방을 개척하며 그 나라의 교화와 사업을 인증 받으며 크게 성공하려고 있는 힘을 다하는 우리는 대大이다.

이제 세계를 바라보고 생각에 잠겨 본다. 세계를 여는 대종사의 일원 진리와 정산 종사의 삼동윤리와 대산 종사의 염원으로 세계종교연합기구(UR)가 탄생하기를 염원하자.

우리는 세계를 위한 무대를 조용히 열어야 한다. 우리와 함께 할 세계의 눈이 있고, 우리를 보아 줄 세계 이웃 종교들도 있고, 여러 나라 정치적인 인물들도 함께 할 것이다.

'코리아'는 매력이 있는 종교의 나라이다. 제일 먼저 박태선 장로가 나오고, 다음은 문선명 목사가 나오더니 이제는 원불교가 나왔다. 이제 이 세계 사람들은 원불교가 어느 종교와도 다르고 매력이 있다고 여긴다. 역시 '코리아'는 코리아다.

여기서 머물면 안 된다. 우리는 이 고개를 넘어야 대大가 된다. 앞으로의 세계는 하나가 되어 전쟁을 물리쳐 내야 할 일이 남아 있다. 이 고개를 또 조용히 넘어가게 하는 평화의 산실을 우리가 만들어야 한다. 원불교가 말이다.

(6) 성리의 소小가 되는 자리에서

성리의 소小가 되는 사람들은 마음들이 갑갑한데 어떻게 소小끼리 살아야 할까?

대종사께서 성리의 소小들을 건지기 위하여 여기 성리의 길을 열었다. 우주의 원리가 되는 불성은 본래부터 누구나 가지고 있으니 소小에 해당하는 사람도 성리의 대大의 힘을 길러 대大에 합하면 누구나 다 같이 성리의 대大에 올라갈 수 있다.

소小가 변하여 대大가 되고 대大에 오르는 방법은 우주 원리에 바탕을 둔 훈련과 수행, 실천을 받아서 실행하면 그리 되는 것이다. 이를 구체화시켜서 말하자면 공부의 요도인 삼학을 수행하고, 인생의 요도로 계문을 지키고 인과因果에 토가 떨어지며 진리를 깨쳐서 성리의 대大를 얻으면 되는 것이다.

교법으로 보아 누구나 우주를 이루고 있는 일원의 진리가 있다. 이 진리는 우주의 원리로 우주 만유를 가지고 살려내는 성리의 대大이다. 이 위력으로 우주 내의 모든 만물이 살고 있다.

대소유무에서 전 우주가 대大라면 우주 내의 만유는 모두 소小가 된다. 이같이 생각하여 전 세계가 대라면 여러 나라들은 소가 된다. 그러므로 성리의 대大는 소小들을 잘 도와주고 우주 만물을 잘 섬기고 소小는 대大를 잘 받들어 올리면서 대大를 닮아서 소小도 잘 살아가도록 대소大小가 서로 도움을 주는 일이 기본 도리이다.

이와 같이 우주 원리가 되는 대大에서는 아래 소小들이 대大의 법칙을 알고 소小와 소小끼리 서로 차별 없이 평화롭게 살아가면서 서로 은혜를 나누며 살아가도록 하고 있다.

그러나 현재 소小들의 세계는 반대로 자신만을 알고 사는 여러 국가들이 세계를 남과 싸우는 세상으로 만들고 있다. 이와 같이 괴롭게 살아가는 국가나 국민들은 먼저 자신을 진리로 볼 줄 알아야 한다. 다시 말하여 우주의 원리를 체 받아야 할 소小로 알아야 한다.

이를 모르고 '나'만을 위하여 내가 대통령이 되고 장관, 국회의원과 지방 기업들을 운영하는 그런 사람들이 많다. 먼저 대大를 보아서 진리를 소유한 새 사람이 되어야 한다. 먼저 진리의 대大를 가진 사람이 되어 사람을 사랑하고 세계를 사랑하며 동시에 우주 원리의 사랑이 있어야 한다. 이것이 대大이다. 내가 먼저 대大를 배워 먼저 내가 대大가 되어야 한다. 대大가 되기 위해서 전 인류가 성리의 대大로 합해지면 성리의 대大가 된다. 이곳이 바로 낙원이요 내가 진리가 되어 낙원에서 길이 즐기는 내가 되는 것이다. 그러니 우리는 모두 진리의 거울을 얻어 대大의 대열에 합해야 한다.

(7) 소의 진급과 강급

소小로 세상에서 버림받은 사람이 부처님의 회상을 만나 크게 성공하는 사람도 있고 세상에서 유망하다고 믿었던 사람이 허망하게 세상에 서보지도 못하고 소중한 인생을 망쳐 버린 사람도 보았다. 이와 같이 이 세상에는 진급으로 오르는 사람이 있고 강급으로 떨어져가는 사람도 있다. 그러나 다생 겁래로 사람 자신이 짓고 받는 인과를 생각해보면 소小는 소小 결복기가 나의 마음에 있다. 낙원세계가 대로 진급이 되었다가 진급 시에 지은 죄업으로 아래로 내려가기도 한다. 또한 그 반대로 강급 시에 지었던 선업으로 진급이 되는 반복의 연속으로 되풀이가 된다. 마치 다람쥐가 체 바퀴 돌듯이 올랐다가 내려가고 내려갔다 올라가는 것과 같기에 소小가 중생의 굴레를 벗어나기가 어렵다.

이곳을 벗어나서 우주의 원리를 믿는 신심 하나 가지고 있어 천금하고 바꾸지 못할 소중한 보배임을 알아야 한다. 이 한마음을 진리에 맡기고 살면 마치 수십 억이나 몇 억 만금이 들어있는 저금통장을 가진 것처럼 마음 부자가 된다. 천상천하가 내 맘의 소유가 되니 이런 부자가 어디에 있겠는가?

내 한 마음 소小로 있을 때에 참으로 잘 키워야 된다. 꼭 부처되어 성리의 대大에 오르면 일원상의 진리가 내 것이다. 이 세계가 내 세상이 되니 이런 마음 부자로 영생을 살면 일개 한 나라의 대통령이 부러울 것이 없다. 천상천하 유아독존이라 참으로 실감난다.

어떠한 사람이 소小이냐 하면 대략 우주의 원리를 모르는 범부 중생이면 모두 소小이다. 이 사람은 앞으로 일원 진리요 대각의 경지가 되는 대大의 자리를 알고 믿고 정진을 하여 그 경지까지 올라가야 한다. 가는 것도 걸어서 가는 것보다 차나 비행기로 가면 더 빠를 것이다.

이와 같이 자신의 길을 열어가려면 수양의 힘이 있어야 하고 진리의 연구력이 있어야 하며 생활에서 정의 선택의 취사력이 있어야 한다.

이러한 목표를 이루기 위하여 힘을 얻어가려면 우리의 교법을 실천하는 내 자신은 마음부자가 될 것이다. 이 공부가 이루어지면 마침내 부처인데 최고의 수준에 오르는 것이다.

마침내 일원 진리로 화한 세계에 들어가 우주만유를 소유하면 대大의 자리에 드는 것이다. 그 자리가 낙원의 세계이다.

오르다가 중도에 소小로 떨어지면 아니 된다. 아무리 큰 종교단체라도 삿되게 놀면 대大가 아니고 소小의 무리가 되고 만다.

그러므로 이 사람은 수도에 정진하여 우주의 원리를 깨쳐 이 세계를 복되게 하려는 서원을 가지게 되면 소小의 자리에서 대大를 찾아가는 사람이 되는 것이다.

한쪽에 치우쳐 세계를 이끌어 가는 종교 단체도 잘못 이끌면 소小가 되는 것이다. 만일 대大를 향하는 뜻을 잊으면 대大를 어겨 강급으로 떨어지는 것이다.

(8) 성리의 대는 소를 안아 키운다

성리의 대大는 우주 만물을 하나도 빼놓지 아니하고 다 섭리한다. 소小는 대大 안에서 대大의 목적을 도우며 성장하여 자신도 대大를 이루어야 한다.

대大와 소小가 서로 좋으면 대는 소의 힘을 받아 대大의 목적을 이루고 소는 대의 힘을 받아 자신도 성장하면서 대大의 목적을 이룬다.

어찌하면 대大가 되지 못하고 소小가 되느냐? 대大가 되는 것은 우주에서 하는 일이나 세계사나 개인사나 대大가 되어 그 독존성을 유지하고 있다. 우주 원리는 우주 원리대로 우주 전체를 가지고 있고 세계의 대大는 세계를 다 가지고 있다. 우리나라의 대大는 우리나라를 가지고 있고, 서울시의 대大는 서울을 가지고 있다. 성리의 대大는 원래 하나인데 어찌 우주의 대大, 세계의 대大, 우리나라의 대大, 서울의 대大 등등 그리도 대大가 많은가 의아해 할 것이다.

성리의 대大에서 대大가 아니면 대大 속에 따른 소小가 포함된다. 처음에는 우주의 대大 하나 뿐이다. 하나 뿐인 우주의 대大인데 우주의 원리가 있고 미국에도 중국에도 일본에도 서울에도 동경에도 북경에도 평양에도 함흥에도 개성에도, 도지사도 면장도 이장도 한 체성 그대로 그 원리는 하나 체體 자리로 이루어져 있다.

비유를 들면 봄기운은 하나인데 이에 따라서 산에 있는 나무에도 풀도 사람도 봄 하나의 기운 따라 천 가지 만 가지가 모두 제각각 잎이 피고 꽃이 피고 사람의 마음까지 모두 봄이 온 것과 같다.

또 나의 부모는 하나인데 다른 사람도 부모는 모두 다 가지고 있으니 몰아 말하면 하나의 우주 원리 따라 큰 기운은 하나뿐인데 이 세상 동식물 가림 없이 사람이나 사자나 꽃피는 식물도 모두 부모를 가지고 있는 것과 같다.

그러므로 북한의 김정은의 가슴에서 평화가 오면 남한에서도 평화가 오고 남쪽에서 평화가 오면 북쪽이나 이 세계 모두에게 평화는 오는 것이다.

마치 우리의 가슴 심장과 소화시키는 위와 간이며 폐 등의 각 기관마다 생명의 중심을 이루고 있다. 그와 같이 또 세계는 200여 나라들이 있는데 서로의 이념과 이해문제가 맞지 않아 다툼이 쉴 사이가 없지만 하나로 통하여 있다.

세계 사람들의 의식 수준이 높아지면 평화도 낙원도 걱정이 없다. 앞으로 결복기 5백년에 이르면 초등학교 수준이라도 우주 원리를 통하게 될 것이다.

(9) 소小자리에서 대를 이룬 이공주

소태산 대종사가 서울을 다녀오고 영광으로 내려가 서울 계동 불법연구회의 구타원九陀圓 이공주李共珠 제자에게 보낸 서한書翰이다. 대종사의 서한은 그 시대 보통 평민이 쓰는 말 그대로였다. 그 원문을 복사한 편지를 필자가 소중히 보관하다 소개한다.

> 丙寅年 三月 七日 師書
> 桂洞硏究會 生覺一件 送
>
> 一口로 世界을 다 마셔 변지고 항상 홀로 드러나 있는 物건이 尊卑貴賤도 바래고 싫어함이 없고 生死에도 관계함이 없는 이것이 무슨 물건인지 三月三日 夜夢에 忽然히 共珠와 한 자리에 앉아 無數한 문답을 하는 中 이 話頭를 共珠에게 물었더니 共珠 答에 미생전입니다 하였으니 對答이 근원이 있는 말이라 생각하여 보시오.
>
> 會中이 다 無故하십니까.
> 이곳은 다 無事하옵니다.
> 但 相助組合金으로 靈光에다 土地를 買受하기로 하니 京城相助金이 있거든 靈光으로 보내주십시오. 此人은 今月 二十日 內로 裡里로 갈 것입니다. 보내시기로 하거든 곧 보

내시오.

위의 대종사의 서한 법문을 풀이하면 다음과 같다.

원기11년 3월 7일 불법연구회 서울 계동교당 이공주 앞으로 나의 생각을 보냅니다.

내 하나의 입으로 이 넓은 세계를 다 마시니 항상 홀로 드러나는 물건 하나가 여기 있습니다. 사람마다 좋아하는 존비귀천을 바래거나 싫어함이 없고 생사에 걸림도 없는 이것이 무엇입니까? 내 지난 3월 3일의 밤 홀연히 공주와 한 자리에서 무수한 법담을 나눠 보았는데 그 중에 하나 공주에게 화두를 물어 보았습니다. 공주가 대답하기를 그것은 '미생전입니다'라고 대답을 함은 근원이 있는 말씀으로 생각이 되니 한번 깊이 돌아보세요.

그 곳 회중이 다 무고하십니까?

이곳은 다 무사합니다.

다만 상조 조합 돈으로 영광에다 토지를 매수하기로 대중의 뜻이 그러하오니 경성에 조합 돈이 있거든 영광으로 보내주시오. 이 사람은 이 달 20일 내로 이리로 가겠습니다. 보내기로 하면 곧 보내시오.

구타원 이공주 종사는 1896년 출생으로 원기9년에 대종사의 제자가 되기 전에는 어려서 대한제국의 황실에서 시독侍讀을 하여 신 구식을 두루 갖추었다. 당시 구타원은 총명예지聰明叡智와 강직고결剛毅高潔한 인격을 이루었고 이상과 희망이 광대하여 우리나라 전 여성이 가는 길을 열고자 준비하다가 대종사를 만나 뵙고 제자가 되었다. 초창기 원불교 여자계의 대표적인 인물로 대소사 간에 구타원의 손이 미치지 않는 곳이 없을 정도로 교단의 사표였다.

대종사가 제자 구타원에게 내려준 이 서한 법문은 성리의 대大에 해당이 된다.

구타원은 대종사의 제자가 되기 전에는 성리의 소小에 해당이 되고, 제자가 된 그 이후부터는 성리의 대大에 오르는 길을 얻었고, 법강 항마위가 된 이후부터는 정식 성리의 대大에 올랐다. 그 시대에 성리의 소小에서 성리의 대大에 오른 대표적인 길을 밟았다.

원기9년에 소태산 대종사를 만나 제자 되고 대종사의 서한을 받은 11년에 원불교 출가의 길이 그대로 이 서한 속에 들어 있다고 본다. 가장 큰 의미는 첫째는 스승과 제자의 인연이요, 다음은 스승께서 이 세계 모두를 한 묶음으로 넘게 한 대오 견성의 길이다. 다음은 대도회상 초창 시에 이 회상을 만나 그 큰 일 다 이루어 내는 거룩한 구타원처럼 천만년 길이길이 재가출가가 모두 가야 하는 길이 이 편지 한 통 속에 모두 들어 있다고 우러러 본다.

성리의 소小에서 아직 진리의 길을 만나지 못한 사람은 대략 작은 생각만으로 허덕이다가 일생을 마치는 것이 보통이다. 구타원 종사는 어려서부터 부귀영화 속에 자라고 교육도 신구학新舊學을 두루 갖춘 사람이지만 그것을 소小로 알고 헌신 버리듯 물리치고 대종사의 법 속에서 성리의 대大를 이루었다.

대종사가 원기11년 병인년 3월 7일에 처음으로 구타원에게 내려준 법문을 여기에 올리는 뜻은 대종사의 대자대비로 받들고 싶어서다.

성리의 소小는 진리를 깨치기 전이라 이 세상 먹구름 속에서 자신만을 위한 소인배들이라면 성리로 보아 소小라고 할 수 있다. 지금도 사람을 죽이려고 전쟁을 준비하면서 핵무기에 묻혀 사는 소인들이 있다. 어느 날 소小를 벗어나서 진리의 세계를 찾을 것인가? 하루 빨리 이곳을 벗어나야 한다. 이 세계는 우주의 공정한 원칙으로 길을 찾아 주어야 한다.

대중과 함께 성리의 대大의 대열에 합하여야 하는데 지금과 같이 삿된 무리들과 함께 소小에만 그쳐 있으면 어찌 하겠는가? 돈 때문에 자신의 가족까지도 버리는 사람도 있다. 범죄의 울 속에 집안의 식구도 대형의 범죄로 이끄는 사람도 있다.

소小의 자리에서 우주의 원리가 되는 대大의 대열로 들어오면 대大의 진리대로 화합이 이루어진다. 진화의 길이 생기는 것이다. 과거보다 빠른 속도로 세계는 변화된다. 이 변화 속에 진화하는 세계가 되기를 염원한다.

(10) 정신물질로 남에게 해를 주면 소小

李共珠난 바다 보시오.

共珠난 南基 兄弟를 달이고 安寧하시며 家內도 無故하신익가. 處士는 別 然故 업사오나 事務에 공총하와 노난때가 없나이다. 어서 成佛하시여 處士를 救濟하여 주옵소셔. 處士가 이제 이와갓치 困難하오나 共珠의 成佛할 期約만 바래고 바래나이다. 어서 成佛하여 無識한 女人을 맛더가시오. 孤獨하다고 말의시고 어서 成佛하시요 孤獨함이 잇써기로 成佛할 期約이 잇난이다. 處事는 共珠를 보고 싶으면 共珠가 登錄한 規則案을 보난이다. 長子 南基가 工夫 잘 하난지 南基의 佛名을 지었십니다만은 世上에 用名은 南基로 하시고 佛名은 잘 간수하여 두시오. 朴昌基라 하엿심이다. 次子 圓基는 其間 瘇處가 엇더하신지요 알고저 하나이다. 處士는 事務處理가 다되면 出他 하것신니 글이 아르시오 困難하오나 수고를 빌려 佛法研究會規則案을 三卷으로 分作하야 登書하여 보내주시면 會中에두고 보것나이다.

每日 日記하난 법식을 보내오니 이대로 日記하였다가 後日에 상考 하옵시다. 이 日記 法式을 登書하야 여러 禪員에게 傳하여 주옵소서.

乙丑 二月 二十日　　師書

이공주는 받아 보시오.

공주는 남기 형제를 데리고 안녕하시며 가내도 무고하십니까? 처사는 별 연고 없으나 사무에 이일 저일로 바빠 여유가 없습니다. 어서 성불하여 처사를 구제하여 주옵소서. 처사가 이제 이와 같이 곤란하오나 공주의 성불할 기약만 바라고 바랍니다. 어서 성불하여 무식한 여인들을 맡아 제도하기 바랍니다. 고독하다 말고 어서 성불하시오. 고독함이 있으므로 성불할 기약이 있습니다.

처사는 공주를 보고 싶으면 공주가 등록한 규칙안을 봅니다. 장자 남기가 공부 잘 하는지. 남기의 불명을 지었습니다만 세상 이름은 남기(南基)로 하고 불명은 잘 간수하기 바랍니다. 박창기(朴昌基)라 하였습니다. 차자 원기(圓基)는 그동안 다리 부기의 통증은 어떠한지 알고 싶습니다.

처사는 사무처리가 끝나면 출타하겠으니 그리 알기 바랍니다. 곤란하나 수고를 빌려 불법연구회규칙안을 세 권으로 나눠 등서하여 보내주시면 회중에 두고 보겠습니다.

매일 일기 쓰는 법식을 보내니 이대로 일기하였다가 후일에 서로 견주어 고찰합시다. 이 일기 법식을 등서하여 여러 선원(禪員)에게 전하여 주시기 바랍니다.

을축년(원기10년) 2월 20일 대종사 적다.

이 서한 법문처럼 평범한 사람이 서두에 가내가 안녕하고 무고한지 인사치레로 안부를 여쭈었다면 성리에서 소小이다. 그러나 대종사가 제자에게 안녕하신가를 여쭈니 성리의 대大이며, 진리요, 거룩한 법문이다.

이 서한법문은 오직 성리의 대大로 시작하여 일기법으로 끝을 맺으니 일반 편지와도 구별되고 구타원 이공주 제자도 성현의 도덕사업에 동참하는 은혜를 입는다.

교단 사무에 바쁜 대종사의 뜻이 성리의 대大이다. 세상을 밝히는 전등은 그 속에 전기가 들어있으나 형상 없이 기운으로 흘러 빛을 발한다. 성리의 대大도 함이 없이 되니 일원상 진리라 한다.

스승님이 제자에게 성불하여 여성들을 구제하는 역할을 하라는 자비어린 법문이다. 구타원 종사는 제자의 심중 그대로 스승 앞에 올린 사실 직고는 성리의 대大를 향한 길이라 성스럽다. 성불의 길을 열어준 대종사의 대자대비는 그대로 성리의 대大이다.

성리의 소小에 있는 사람이라도 스승이 있어 우주 원리의 법도대로 남에 유익을 주는 사람은 성리의 소小에서 각성을 얻은 사람이다. 그러나 위로 오르는 길을 알지 못하여 남에게 해를 주는 사람은 죄만 짓고 강급으로 떨어지고 만다. 마음의 본래는 나와 남이 따로 없다. 누구나 다 같이 사은四恩의 소산이라 한다. 이를 알고 공공空公으로 살면 성리의 대大이요 이를 모르고 살면 소小이다. 그러므로 소小는 마음을 닦고 복을 지어 대大

에 올라야 한다.

대종사가 제자에게 내린 이 서한 법문을 받들어 연구하면 이 글의 참뜻을 알 수 있다. 두 스승간의 편지를 다른 사람들의 서한과 같이 여겨서는 안 된다. 그러면 성리의 소小자리에 떨어져 큰 죄를 짓게 된다.

우리는 모두 대大를 공부하는 사람이다. 내가 대덕이 있는 마음이면 다른 사람에게 감동을 주지만 그렇지 못하면 소小에 떨어진다. 남에게 손해를 주면 소小이다. 모두를 진리로 믿으면 대大요, 법이요, 신심이다. 마음 잘 쓰는 부처이면 자비 어린 성자가 된다. 성리의 대大가 되는 길을 찾으면 한없는 복과 혜를 누린다.

남에게 해보다 유익을 주어야지 천하 대공사를 맡는다. 마음이 크고 밝은 사람이 소小에 얽매이면 자신은 물론 남도 함께 죄악의 구렁텅이에 떨어진다. 이 대大가 들어서 새 세상을 만든다. 원래부터 갖춘 뿌리가 성리의 대大이다.

(11) 참 자유를 모르면 소小

우리는 일원상 진리에 뿌리하면 우주 원리의 힘을 얻고 자성의 정定과 혜慧가 이루어져 참 자유가 생긴다. 이에 뿌리한 자유가 이루어지면 성리의 대大가 된다. 그러면 무엇이나 걸림이 없는 대大가 된다. 이 세계에 사는 우리가 소小만에 그쳐 죽으면 어떻게 될까? 신분의성信忿疑誠으로 성리의 소小를 벗어나서 대大가 되어야 한다.

참 자유는 나를 버리고 진리의 힘을 얻는 데에서 이루어진다. 우리의 진리는 일원상의 진리로 크기로는 한이 없이 크다. 그러한 힘만 있으면 우주의 원리를 얻음이 된다. 한번 서원을 올리면 그 공부 따라 참 자유가 그대로 크게 이루어진다.

원기38년에 정산 종사가 필자에게 내려준 법문이다. "큰 나무가 되려면 그 뿌리가 깊고 널리 뿌리박을 수 있는 땅을 만나야 한다."라고 하였다. 이 한 몸 소小가 어찌 다행 이 회상을 만나 이 같은 법문을 들으니 한없이 기쁘다.

선량한 사람이 대大의 길을 찾지 못하면 홀로 고생만 한다. 인연을 못 만나 시들어 죽으면 어느 세월에 새 싹이 솟아날까? 나의 앞길을 열어줄 스승을 만나야 성리의 대大에 들고 천지와 같은 복을 받는다.

(12) 소가 대에 합하는 실천의 길

대大에 합하는 실천의 길이 바로 원불교에서 실행하는 공부이다. 인생의 요도와 공부의 요도가 이 길이다. 이 길을 실천하면 진급의 계단을 따라 위로 오르는 것이다. 이같이 견성성불의 길에서 의두와 성리로 깨달음을 얻어 들어가면 마침내 성리의 대大에 합하게 된다.

대종사는 원불교를 열고 우주의 원리를 일원상의 진리라 하였다. 성리의 대大에 합하는 신앙의 길로 일원상 진리의 내역을 밝혔다. 천지 부모 동포 법률의 네 가지를 사은四恩이라 정하고 보은생활의 표준을 삼았다.

인생의 요도에 사은 사요가 따르고 공부의 요도에 삼학 팔조가 따른다. 우주의 원리와 일원상의 진리를 신앙하고 수행하는 것을 의무라 하였다.

의무를 다하면 우주의 원리 그대로 원만구족하고 지공무사한 진리의 세계관이 열린다. 이를 실천하면 하나의 세계요 평화의 세계이며 낙원의 세계가 될 것이다.

일원상의 진리는 우주의 원리이다. 우주 원리 그대로 사람마다 자신의 할 일을 다 하면 성리의 대大와 소小가 하나 되어 진리가 내려주는 은혜로 잘 살게 된다. 삼학 공부로 삼대력을 얻으면 그 자체가 우주 원리의 법대로 이루어지는 세상이 된다. 그 공덕은 한이 없다. 결국 일원상의 진리도, 사은도, 삼학도,

사람도, 세계도, 모두가 하나로 살므로 이것이 낙원이요 성리의 대大이다.

그와 반대로 대大와 소小의 상하上下의 조화가 무너지면 지옥이다. 지옥에 드는 이유는 낮은 것이 좋게 보이고 그른 것이 바르게 보이는 환각을 즐기다가 꺼꾸러진 사람들이 들어가는 곳이다.

소小는 대大에 합해서 대大에 오르는 길을 찾아야 한다. 성리의 소小의 자리에서 대각여래위를 바라보고 오르면서 항마위만 지내도 대大가 된다. 더 올라 출가위에 이르면 중생제도의 힘을 기르고, 여래위에 오르면 만능의 여래불이 된다. 나부터 시작하여 세계 대중도 진리 따라 우주 원리의 마음이 되어야 한다. 그러면 소小가 변하여 대大가 된다.

원불교100주년기념대회는 세계적인 변화의 시점이다. 세계가 변하여 우주 원리의 마음으로 진급하는 큰 행사의 원년이다. 이로부터 시작하여 결복기가 되면 이 세계 사람들이 모두 성인의 대열에 오를 것이다.

(13) 소를 뭉쳐서 대를 만들자

소小를 어떻게 뭉쳐야 하는가? 작은 마음으로 행하되 함이 없는 마음이 모아져야 한다. 흔적이 없고 꼬리가 없어야 한다. 함이 없이 그 마음이 모아져야 참으로 대大를 향해 오르는 것이지 마음에 한 상이 남아 있으면 아니 된다. 함이 남아 있으면 지금껏 모아 온 공이 무너진다. 그러므로 빈 껍질은 날라 가지만 알맹이만 태산이 되어야 대大가 된다.

소小가 대大가 되기 위해서는 먼저 행하되 꼬리가 없어야 한다. 함이 없는 마음이 뭉쳐져서 쌓아 올라간다. 이 말을 천사람 만사람 억천만 사람의 말을 뭉치면 마침내 이 세계 전 인류가 하되 함이 없이 이루어진다. 모두에게 천복이 내린다. 일원상의 진리는 바로 우주의 원리로 우주의 은혜가 내리는 밥을 먹으면 감사하지 않을 수 없다.

또한 대통령부터 나라의 녹祿을 먹는 공직자가 작은 일이라도 그림자 없는 상으로 일하면 나라는 잘 관리될 것이다. 사은 사요 삼학 팔조를 행하되 함이 없이 하면 역시 성리의 대大에 올라간다.

세상이 왜 그리 시끄러울까? 모두 대大가 되면 말이 필요 없다. 이심전심以心傳心 법법상련法法相連 무상천지無相天地일 뿐이다. 이런 마음으로 정진하여 쌓아 올라가면 모두 부처요 성리이고 대大가 된다.

일원상의 진리는 우주의 원리로서 사은과 삼학의 본원이요 원리가 된다. 소小가 소小임을 알고 오르고 보면 하나가 되어 성리의 대大로 머리를 두르게 된다. 본래의 서원대로 진리의 위력을 얻고 체성에 합하는 길만 찾아 오르면 그와 같이 된다.

소小가 대大를 행하여 맑은 마음을 모아 뜻을 이루는 것이다. 처음 한두 사람의 작은 힘이 모여 결국은 한 교화단과 한 교당이 되고, 한 교단이 되어 우주 대大 경사가 된다. 예를 들어 서울 시민이 모두 모이면 서울 시민이 일원一圓이 되어 대 서울이 되고, 우리나라 국민이 모두 모이면 대한민국이 일원一圓이 되고, 세계 각 나라들이 모이면 전 세계가 일원一圓으로 하나가 된다. 그러면 이 세계는 맑은 마음으로 일원의 대大 낙원이 이루어진다.

분별이 일심一心이 되어 뭉치면 일원一圓의 진리가 된다. 동일심動一心과 정일심靜一心을 합하여 모아 이루면 동과 정이 하나의 빈 마음자리에서 하나의 일원의 진리가 된다. 또한 작은 선심善心이라도 모이면 성품 자리에서 맑음을 얻고, 한 마음 맑음이 크게 일어나면 한 나라도 바로 세워 주기도 하고, 또 그 힘이 이 세계 일원으로 합하면 세계가 하나의 일원이 된다. 이처럼 마음공부를 일심으로 하면 한 마음 일심이 되어 큰 지혜의 일원의 힘을 가지게 된다.

진리적인 한 생각이 이치 따라 한 마음으로 솟아나면 자성의 혜慧가 되어 일을 추진하는 지혜가 생긴다. 다음은 그 지혜를 연마하여 일심 보은으로 일을 하면 바르게 이루어지니 마침내 바른 취사가 될 수밖에 없다. 취사심이 되면 자성의 계戒라고 한다.

다른 말로 삼학공부요 삼대력공부이며 마음공부라고 한다. 이 한 마음 하나하나 일심으로 쌓아 올리면 마침내 하나하나 소小를 뭉쳐서 대大를 이루는 것이다. 이같이 하면 마침내 성불하게 된다.

내 마음을 일심으로 만들어서 성불을 하려 하지만 방해하는 낮은 마음이 따라 일어난다. 마음에 일심이 쌓일수록 나타나 방해하고 끌어내리려 한다. 이를 일러 분별심이요, 번뇌 망상이요, 시기심이며 욕심 잡념들이라 한다. 이것이 강하면 내 마음의 정력이 약해져 마침내 정신이상자가 되기도 한다.

일심을 모으면 내 마음도 커지고 맑아지면서 일원의 진리에 합하고, 합하고 보면 하는 일이 성공하여 성리의 대大가 된다. 이 과정에서 만일 실패하면 소小의 자리에서 또 강급으로 떨어진다. 공부가 순숙되고 정력이 쌓일수록 방해하는 무리들이 나타나는 것은 당연한 수순이다. 이 단계를 넘어서야 나의 본마음을 찾아 대大에 오르는 것이다.

(14) 대가 되어 소를 알면

성리의 대大를 알고 소小를 아는 사람이면 성리에 통한 사람이다. 깨친 사람이 되면 일원상 진리요 우주의 원리를 얻으면 진리의 체성과 위력을 마음대로 실행하는 경지에 오른다.

대종사가 성인 중 성인이요. 정산 종사, 대산 종사와 대각여래위에 오른 모든 부처님은 마찬가지로 성리의 경지에 오른 성자들이다.

앞으로 성리로 대에 오른 성자들의 정신이 실현될 때 하나의 세계와 평화의 낙원이 될 것이다.

성리의 대大를 우주에 비유하면 일원의 진리가 성리의 대大가 되고 우주 만유의 형상은 소小가 된다. 사람에게 비유하면, 사람의 본래 성품이 대大라면 희로애락 분별심은 소小의 작용이라 할 수 있다. 육신에 비유하면 몸 전체가 대大라면 팔, 다리, 눈, 코 즉 분신은 소小라고 한다.

사람의 몸에 마음이 들어 있으면 산 사람이고, 마음이 떠나면 몸은 죽고 만다. 이와 같이 마음 속에는 불성이라는 대大를 모시고 살며 내 마음, 내 몸, 내 집, 내 나라, 내 세계를 지키며 살고 있다.

전 세계를 하나로 보고 인류의 공동 관심사를 해결하는 공동선이 있다. 내 마음이 들어서 인류의 공동선을 해결하기도 하지만 반대로 한 마음이 세상을 어지럽게도 한다. 우주의 원리가 내 마음 작용이요, 우주를 사랑하는 마음이 진리의 조화인데 사람들은 소小자리만 알고 대자리를 모른 체한다.

우주의 조화는 크고 맑고 미묘하여 사람들 눈에 보이지 아니한다. 하지만 우주도 사람이 마음을 가진 것처럼 우주의 원리를 가지고 있다. 과학에서 밝혀낸 사실을 보면 새로운 별을 만들어 내는 '빅뱅'이 있는가 하면, 별들도 사람의 수명처럼 살다가 죽으면 그 시체는 '블랙홀'이 끌어가 처리하고 만다.

별들도 사람 일생과 같다고 한다. 진리를 움직이는 우주의 원리는 마치 과거 제왕帝王들이 신하들을 부려 쓰듯이 진리 그대로 우주를 섭리하고 있다.

우주도 하나요, 진리도 하나요, 세계도 하나인 이 속에서 살아가는 것이 인생이다. 우주 원리도 사람처럼 생각하는 감정이 존재할까? 우주의 감정이 없다고 단언할 수 없다. 우주에는 진리가 들어 감정 작용을 하니 말이다. 인과가 만물을 유지하듯 우주의 인과가 만물을 섭리하고 있으니 무서울 뿐이다. 눈치 빠른 사람은 하늘이 비장한 비밀을 이미 알고 있을 것이다. 아마 진리를 깨친 사람은 이 같은 하늘의 비밀을 마음의 눈으로 보고 있을 것이다.

이미 성자들이 수없이 외치고 다녀갔으나 하늘의 비밀은 여전히 비밀일 뿐이다. 그 비밀의 빗장을 푸는 일은 세계 사랑으로 열어야 한다. 우선 나를 사랑하고 남을 사랑하며 차차 세계를 사랑하는 마음을 가꾸자. 세계를 사랑하는 마음을 노래하고 그 노래를 세계 사람들이 다함께 부르는 축제의 장을 열어 가자.

(15) 업장을 녹이는 즐거움

중생의 소小는 마음병이 많다. 대종사는 이를 마음 난리라 했다. <대종경> 수행품 58장에 "마음 나라는 원래 온전하고 평안하며 밝고 깨끗한 것이나, 사욕의 마군을 따라 어둡고 탁해지며 복잡하고 요란해져서 한없는 세상에 길이 평안할 날이 적으므로, 이와 같은 중생들의 생활하는 모양을 마음 난리"라고 했다. 또한 "마음 난리는 모든 난리의 근원인 동시에 제일 큰 난리가 되고, 이 마음 난리를 평정하는 법이 모든 법의 조종인 동시에 제일 큰 병법이 되나니라."고 했다. 마음 병을 청산하는 병법이 성리 공부의 즐거움이다.

대산 종사에게 모 교역자가 "언제나 견성을 할까요?"라고 여쭈니 "아직도 견성을 못했어? 교전을 알고 있지. 교리가 성리고 성리가 교리이다. 이것을 모르면 바보다."라고 하였다.

또한 "법신불 일원상이 바로 성리를 밝힌 것이다. 대종사님은 우리에게 대자대비로 성리의 원 덩치를 쉽게 알아볼 수 있고, 쉽게 닮아갈 수 있고, 쉽게 내 소유로 만들어서 쉽게 생활 속에서 마음대로 활용할 수 있도록 해 주셨는데 사실은 많은 말이 필요 없다. 이것만 확실히 알면 끝난다."고 했다.

이 법 이 회상에 입문을 하면 견성대학원에 입학을 한 것이고, 항마위에 오르면 견성대학원을 졸업한 것이다. 이렇게 하고도 견성을 못했다 하면 말이 되지 않는다. 중생의 마음병을 고치겠다고 교역자가 된 사람이 견성을 하지 못했다고 하면 안 된다. 이미 교전 공부를 하고 교리의 대강을 알면 견성은 끝났다는 말이다. 견성하여 중생 제도를 하는 사람으로 어찌 성불제중을 잊겠는가.

교역자는 중생들을 교화하는 막중한 책임이 있다. 세상 사람들은 오히려 불신不信을 정당화하려는 습관이 있다. 정당성으로 미화하고 자신을 합리화하여 심지어 다른 사람들의 영혼을 멍들게 한다.

진리를 모르고 사는 사람은 소인이다. 교역자는 진리적인 생명으로 깨어나도록 인도하고 교화하는 것이 본업이다. 그래서 견성하고 성불하여 불성佛性을 일깨워 우주의 원리인 일원의 진리를 깨닫도록 해야 한다. 중생의 두터운 업장을 녹이는 일은 쉽지만은 않다. 그래도 성직은 천직이요 누가 맡긴 일이 아니기에 그 고통을 감내하는 즐거움을 누릴 수 있어야 한다.

(16) 성리의 대는 소를 가르치고 키운다

수행의 깊은 경지에 도달한 스승들은 성리의 대大로 성리의 소小인 중생을 대자대비의 은혜로 제도한다.

대산 종사 말씀하시기를 "정산 종사가 '큰 원상圓相이 돌매 작은 원상이 돈다'고 했다. 그러고 보면 나도 원상이니 내가 사는 것을 이야기하면 성리를 이야기 할 수 있겠구나. 큰 원상과 작은 원상이 둘이 아니다. 오른쪽으로 돌면 같이 오른쪽으로 돌고 왼쪽으로 돌면 같이 왼쪽으로 돌고 그런다. 오른쪽으로 돌아라 하면 될 것 같고, 왼쪽으로 돌아라 하면 될 것 같았다. '세상은 대소유무의 이치로 건설되고 사람은 시비이해로 운전해 간다'는 이치가 이를 두고 한 말임을 알았다."라고 하였다.

또한 "나의 삶 자체는 성리를 떠나 따로 존재하지 않고 관계를 형성한다. 그러니 삶 자체가 바로 성리로 이야기 할 수 있다. 밥 먹고 일하고 잠자는 일이 모두 성리의 작용이다. 성리는 무엇을 하자는 것인가. 결론적으로 생활 속에서 복과 혜를 무한량하게 생산하자는 것이다. 복과 혜를 장만하는 자본은 바로 법신불 일원상임을 알 수 있다."라고 했다.

큰 원상이 있고, 큰 원상이 도니까 작은 원상이 돌아간다. 천 개, 만 개, 무량 개의 원상이 여기저기서 돌아간다. 산에서 돌고, 바다에서 돌고, 하늘에서도 해와 달이 돌고, 나도 돌고 너도 돌아 돌고 돈다. 온 우주 가득히 일원상의 진리가 되어 돌고 돈다.

우주의 원리인 법신불 일원상에는 대大와 소小가 함께 존재한다. 법신불 일원상의 진리에 마음을 바친 재가출가 동지들이 함께한 회상에는 법 있는 사람이 대大가 된다. 소태산 대종사를 마음에 모시고 진리를 연마하여 대각여래위에 오르기를 목표로 한다.

그 중 성리의 대大에 오른 사람이 스승이 된다. 스승은 제자인 소小를 이끌어주고 키워 성리의 대大에 오르도록 인도한다. 큰 원상이 돌면 작은 원상이 따라 돌고 작은 원상이 굴러가면 큰 원상도 함께 도는 것이다. 스승과 제자도 이 같은 원리로 돌고 돌지만 때로는 엄한 스승으로 때로는 부드러운 자비로 훈육한다.

(17) 소의 힘을 뭉쳐 대를 만듦

소小는 소小끼리 작은 소小가 뭉쳐 대大를 만든다. 소小가 대大를 오래도록 받들면 자연히 크게 뭉치게 된다. 내가 비록 작은 소이지만 불성 있음을 깨치면 언젠가는 대大에 합하게 된다. 따라서 불성을 깨우치면 다른 사람도 깨우쳐 줄 때가 돌아온다. 마음공부로 깊은 단계에 오르면 여러 대중을 섬기는 마음이 저절로 우러나온다. 작은 힘이 뭉쳐 크게 이룬 결과이다.

대산 종사의 교리도에 대한 말씀을 인용하여 법문을 소개한다.

> 대종사는 우주의 원리인 일원상의 진리를 교리도에 담아 성리를 밝혀주었다. 일원은 법신불로 곧 법의 덩치다. 법을 여러 갈래로 쪼개기 전이 법신불이다. 이 덩치는 우주 만유의 본래의 고향이요 본원이다. 또한 제불제성의 심인이요 일체 중생의 본성이라 했다. 이를 거꾸로 보면 우리의 본성 자리는 바로 성리 자리이다. 그 자리는 본래 제불 제성의 심인 자리인 셈이다. 이를 다시 몰아 말하면 법신불 일원인 것이다.
>
> 그렇게 보면 대종사가 밝힌 교전이 모두 교리도에 다 들어온다. 우리를 깨우치기 위하여 이 교리도를 내셨다는 말이다.

언제나 자신을 소小로 놓고 나를 낮추어서 이 회상에 바치고 세계 대중을 공경하며 신앙도 수행도 교화도 일도 이처럼 하는 사람이 되어야 한다.

우주의 일원상의 진리는 내 마음 성리와 하나이다. 하나이기에 세계 각각의 나라는 다르지만 마음만은 둘이 될 수 없다. 둘이 아닌 하나의 마음이 되려면 그저 되는 것이 아니라 사은에 보은하고 삼대력을 얻어 나가려는 일을 해야 한다.

이것이 바로 소小를 뭉쳐서 대大를 만드는 일이다. 크고 맑고 밝은 이 마음을 모아 우리의 마음을 바쳐 제생의세하자. 우리의 가슴 가득히 진리 에너지를 쌓아 올려 마음의 힘을 뭉치자. 그 뭉친 마음이 대를 이루니 이소성대라 한다.

(18) 소의 눈물 뿐인 중생

구제 불능의 중생을 보면 마음이 슬프고 괴롭다. 중생이 병들면 보살도 병이라 했다. 중생을 보면 볼수록 가련하고 가련하여 눈물을 아니 흘릴 수 없다.

대산 종사는 '중생은 돌고 돌아 육도로 윤회하니 슬프다'고 하였다. 그 법문을 정리하면 다음과 같다.

> 돌고 도는 중생인데 어느 누가 슬프지 아니할 사람이 있겠느냐. 다 내 일이 네 일이고, 네 일이 내 일이 된다. 복주고 죄주는 권리는 우리 모두에게 있다. 인과보응의 신앙문을 통하여 진리가 해를 주어야 할 사람에게는 해를 준다. 일원상 법신불 성리 속에는 죄주고 복을 줄 힘이 있다. 그 힘을 우리가 잘 이용할 수 있도록 성리로 밝힌 것이 사은 사요이다.
>
> 과거에는 두리뭉실하게 성리를 이야기하고 글만 잘 써도 견성 했다고 우대했다. 그러나 대종사는 성리를 눈을 안 뜨고도 보고, 귀를 움직이지 않아도 듣고, 입으로 말하지 않아도 줄줄 나오고, 손으로 만지면 모두가 성리로 만들어 내어야 참 성리를 알았다고 했다. 또한 성리가 멀리 있고 어렵다고 해서 말도 안하면 그것은 성리가 아니라고 했다. 그러니 대종사님이 우리에게 얼마나 큰 대자대비를 베푸셨는가?

6.25직후 지리산 전투를 겨우 마친 뒤의 실화이다. 총을 든 경찰 두 사람이 달 밝은 밤에 마을을 나와 순찰을 돌고 있었다. 어디선가 슬픈 울음소리가 달빛을 타고 들려왔다. 그 애잔한 울음소리가 궁금하여 경찰들이 긴장한 채 찾아 나선 곳이 깊은 산속이었다. 병든 노인이 홀로 죽을병이 들어 슬프게 울고 있었다. 노인은 죽지 못해 괴로워 울고 있었다. 통증이 심해 죽고 싶었지만 죽지 못해 차라리 늑대에게 잡혀 죽자하고 울고 있었던 것이다. 평소 그 많던 늑대가 한 마리도 오지 않으니 더 슬플 수밖에 없었다. 노인은 경찰들을 보자 그 총으로 나를 쏘아 죽이라고 애원했다. 아무리 불쌍해도 산 사람에게 총을 쏠 수 없어 눈물을 흘리며 경찰들이 돌아갔다. 다음날 궁금하여 일찍 가보니 노인이 죽어 있어 마을에 알려 치상을 마쳤다고 한다.

6.25한국 전쟁 당시 지리산은 이보다 더한 일이 많았다 하니 참으로 처량할 뿐이다. 중생이 중생으로 죽는 것도 슬프지만 구제 불능인 사람으로 사는 것도 불쌍할 일이다. 그래서 정신상으로 구제 불능의 중생들이 있으니 불보살들의 눈물이 마를 날이 없는가 보다.

3. 대소유무의 유무자리

유무有無의 자리를 공부하는 사람을 위하여 어원語源을 소개한다. 이 유무는 대소유무에서 나오는 유무이다. 성리의 유무라는 뜻은 <정산종사법어> 경의편 36장을 보면 알 수 있다. 유무에 대한 설명으로 '인과와 계율 등 모든 법은 유무자리를 응하여 건설된 법이라'고 그 원리를 밝히고, 유무를 생활 속에 활용하는 법으로 '유무에 집착하지 아니하고 유무를 따라 마음을 활용하며 변천의 도를 알아 미리 준비하여 사업을 성공하게 하신 것은 유무를 운용하는 법이니라.'고 그 체용을 밝히고 있다.

<대종경> 성리품 27장에서 대종사 선원 대중에게 말씀하시기를 "대大를 나누어 소小를 만들 줄도 알고 나눠진 소小를 뭉쳐서 대大를 만들 줄도 아는 것이 성리의 체를 안다."하였고 이어서 "유有를 무無로 만들 줄도 알고 무無를 유有로 만들 줄도 알아서 천하의 모든 이치가 변하여도 변하지 않고 변하지 않는 중에 변하는 진리를 아는 것이 성리의 용用을 아는 것이라."고 하였다.

성리품 27장은 성리를 대와 소로 낱낱이 풀이하여 그 체를 말하고, 유와 무로 그 용을 밝히고 있다.

유무의 자리는 중생으로 출발하여 인과와 계율을 지키며, 사은과 삼학으로 신앙과 수행을 하여 시비이해의 훈련 과정을 지켜 힘을 기른다. 공부의 정도에 따라 진강급으로 변화하여 마침내 일원상의 진리에 도달한다. 대종사는 중생이 변하여 대大자리에 이르도록 성리로 법을 밝혔다고 생각한다.

유무자리의 개인 공부는 일원의 진리를 체 받아 이루도록 일심一心과 선禪을 대大로 하고 이 대大를 응용하는 법도 대大로 정하였다.

사사불공事事佛供 처처불상處處佛像 보은報恩의 도리道理는 인과와 유무가 따르니 유무로 밝혔다.

유무에는 변화가 따르니 집착하지 말고 이를 활용하는 법으로 유무를 세워 대大자리에 합하도록 하였다. 이와 같은 전제로 대소유무의 유무자리를 논하고자 한다.

(1) 유有를 무無로 만들자

이 세상에 존재하고 있는 만물은 유有에서 무無로 돌아간다. 생자필멸生者必滅은 만고에 변함없는 진리이다. 이 원칙을 확실히 알고 각성한다면 사람마다 불확실한 미래의 무無를 미리 준비할 것이다.

사람의 희로애락이나 느껴지는 그 사람의 감정도 결국 지금의 유有는 무無로 바뀌는 것이다. 이러한 변화의 고비에서 마음이 흔들릴 것이 아니라 미리 준비하고 단련해야 한다. 마음의 힘을 갖추어 두면 무無는 무가 아닌 것이다.

대산 종사는 '일단 멈추라'고 했다. 마음을 멈추면 마음의 힘이 뭉치어 큰 힘의 중심이 되고, 큰 마음의 힘을 만들게 된다. 과거에는 견성한 후에 성불하기 위해서 산중에 들어갔다. 육조대사도 이미 견성은 하였지만 견성 후 다시 13년간이란 긴 세월을 보림함축했다.

대종사는 유有에서 무無로 돌려보라 하였다. 유는 무로 무는 유로 돌고 돌아 지극하면 유와 무가 구공俱空이나 구공 역시 구족具足이라 했다.

다음과 같이 그 방법을 찾아보자.

1) '나'를 세우지 말자. 유有의 세계는 잡힘이 많으니 공부심

이 있어야 무無를 세운다. 상 없는 무無를 찾을 때 욕심 없는 나가 가득해진다.

2) 사람의 육신은 지수화풍으로 된 유有의 세계이다. 마음의 세계에서 무無를 찾아 무無로 돌리는 데에서 큰 공부가 깊어간다. 이처럼 공부를 잘하고 보면 주객이 바로 서서 바른 세상을 살게 된다. 바른 우주관과 바른 세계관과 바른 인생관으로 산다는 말이다.

멈추고 뭉치고 돌리는 공부가 잘 되어 있어야 경계를 당해 유有에서 무無로 잘 돌릴 수 있다. 또한 마음의 힘이 있어야 자력으로 완전한 무無로 돌아갈 수 있다. 반대로 마음에 힘이 없으면 자신의 업력에 끌려 중생계를 면치 못한다.

평소에 내 마음을 멈추고 모으고 잘 잡아 놓아야 법신불 일원상의 중심에서 원만구족한 마음이 자리 잡게 된다.

과거 마음으로 지은 힘이 있어야 오늘에 받을 수 있고, 현재 짓는 것이 있어야 미래에 받게 된다. 마음을 모으고 힘을 뭉치어 멈추는 공부를 한 사람은 성리에 맞추어 대大에 기준을 두고 유有에서 무無로 돌릴 수 있는 힘이 생긴다. 다시 말하면 오는 세상을 진리로 여는 사람은 유에 집착하지 않기에 무에 자유로운 것이다.

사람 따라 가지가지의 욕심이 있다. 이 욕심은 원망이나 불평과 착심과 잡념 번뇌가 되어 자기를 괴롭게 한다. 그러나 수양의 힘으로 욕심을 없애면 자성의 정으로 들어가게 된다. 그러면 동정 간에 편안한 마음이 되어 한 세상 잘 살게 된다. 이처럼 닦아 가면 진리의 영생길이 열린다.

우리가 부처가 되는 것도 그저 부처가 되는 것이 아니다. 부처가 되기까지는 인생의 온갖 단맛, 쓴맛을 없앨 줄을 알아야 한다. 그래야 비로소 본래의 나를 찾을 줄 아는 사람이 된다.

욕심도 번뇌도 잡념도 나에게 있는 것은 모두 없는 곳으로 보내야 한다. 넘기기 어렵지만 있는 힘을 짜내어 없는 곳으로 보내야만 한다.

(2) 무無를 유有로 만들자

현실의 일체 만물이 어디에서 왔느냐? 그 근원처를 찾아보면 모두 없는 곳, 즉 무無자리에서 나왔다. 또 있는 것이 어디로 돌아가느냐? 무無자리로 돌아간다.

없는 그 자리에서 또 있는 유의 세계로 나오는 것은 정해진 우주 순환의 법칙이다. 마치 가을에 떨어진 나뭇잎이 무의 세계로 없어졌다가 다시 봄이 되면 지난 가을에 떨어졌던 그 자리에서 다시 새 잎이 솟아나는 것처럼 말이다.

유는 무로 돌고 무에서 또 유로 나오는 이치가 유무로 돌고 도는 일원의 진리이다.

대종사 봉래정사에 계실 때에 백학명白鶴鳴 선사가 내왕하며 간혹 격외格外의 설說로서 성리 이야기하기를 즐겼다. 대종사 하루는 짐짓 동녀 이청풍李淸風에게 몇 말씀 일러두시었더니, 다음 날 선사가 월명암月明庵으로부터 오는지라, 대종사 맞으시며 말씀하시기를 "저 방아 찧고 있는 청풍이가 도가 익어 가는 것 같도다."하시니, 선사가 곧 청풍의 앞으로 가서 큰 소리로 "발을 옮기지 말고 도를 일러오라."하니, 청풍이 엄연히 서서 절굿대(절굿공이)를 공중에 쳐들고 있는지라, 선사가 말없이 방으로 들어오니, 청풍이 그 뒤를 따라 들어오거늘, 선사 말하되 "저 벽에 걸린 달마를 걸릴 수 있겠느냐." 청풍이 말하기를 "있습니다." 선사 말하기를 "걸려 보라." 청풍이 일어서서 서너

걸음 걸어가니, 선사 무릎을 치며 십삼세각十三歲覺이라고 허락하는지라, 대종사 그 광경을 보시고 미소하시며 말씀하시기를 "견성하는 것이 말에 있지도 아니하고 없지도 아니하나, 앞으로는 그런 방식을 가지고는 견성의 인가印可를 내리지 못하리라."하시니라.

<대종경> 성리품 18장의 법문은 대종사와 학명 스님과의 견성 인가에 대한 평을 알 수 있다. 대종사는 "앞으로 그런 방식의 견성 허가는 안 된다."는 말씀이고, 묵은 세상의 견성 인가와 새 세상의 깨달음의 인가를 분명히 하였다.

대산 종사는 제법성지인 변산을 방문하여 이 법문을 자주 소개했다.

> "학명 스님은 당대의 선승으로 추앙받았지만 성리 인가를 장난같이 하니 대종사님이 웃으시며 그의 격외법에 냉담해 버렸다. 그러니 학명은 대종사를 견성 도인이 아니라 부덕인(富德人)으로만 알고 오히려 대종사의 제자들만 견성했다고 인가했다. 학명 스님이 대종사를 일개 처사處士인 줄만 알고 몰라 뵙더니 말년에야 '대성인을 몰라 뵈었다고 탄식하였다'고 한다."

깨달음에 대한 인가를 다시 한 번 성리로 살펴보자. 이청풍이 절굿공이를 손에 들고 위로 올리고 내림은 유에서 무로 들어가고 무에서 유로 나오고 들고 나고, 나고 들고를 마음대로 한다. 또 걸어 보임은 달마가 나이고 내가 달마라는, 하나라는 뜻이다. 만법귀일을 말한다. 이처럼 묵은 세상의 견성 인가하는 법과 우리 대종사의 인가는 다르다. 진리의 체体를 깨쳐서 그 실상을 모양 지어 나타내 보이는 것도 약간 다르지만 그보다 실생활의 공부와 활용까지를 진리에 담아 걸림이 없도록 함이 다르다.

우리의 목적은 일원상의 진리를 깨쳐서 이 세계를 구하자는 것이요, 나아가 실생활에서 그 보람이 활동으로 나타나야 한다.

닦아진 마음의 힘으로 입정의 세계에 들어가면 아무것도 없는 공이요 무라 걸림이 없다. 그 무와 공에서 출발하여 유의 세계로 나오면 하나도 걸림이 없으니 이 세계를 마음대로 하여도 걸림이 없는 것이다. 전쟁도 못하게 할 수도 있고, 하나의 세계도 만들고, 평화 세계도 만든다. 이것이 무에서 유로 나오는 사례이다.

(3)무를 유로 유를 무로 만들자

무無의 없는 곳에서 또 유有가 생기고, 또 무無로 없어져 돌고 도는 이치 따라 세상은 돌아간다. 있다고 자랑 말고 없다고 한탄 말자. 하나 되는 이치 깨쳐 나 또한 앞으로 장만하면 이 천지가 내 것인데 누구보고 한탄한단 말인가.

지극한 무자리에 등극하여 합해보면 성리의 대大자리가 나타나 있음을 알고 그것은 유有 자리를 통해 확연히 아는 것이다.

대산 종사가 종법사에 재위할 때의 법문을 한 편 소개한다.

> 대종사 대각을 이루시고 말씀하시기를 "만유가 한 체성이며 만법이 한 근원이로다. 이 가운데 생멸 없는 도道와 인과 보응되는 이치가 서로 바탕하여 한 두렷한 기틀을 지었도다."라고 하였다. 그 중 '한 두렷한 기틀을 지었다.'는 점이 특징이다.
>
> 이 가르침에 의하면 만유와 만법 하나하나가 근본적으로 나누어 질 수 없고 서로 떠날 수 없는 전체성全體性으로 한[大] 하나[一]이고, 한 하나이면서 전체인 것을 알 수가 있다. 또한 만유와 만법 하나하나도 불생불멸과 인과보응의 진리성을 가지고 있으니 바로 그 자리가 '한 두렷한 기틀'의 진리이다. 또한 성리는 기운만이 있는 것이 아니라 무한히 움직이고 무한히 창조하고 무한한 생명력이 있는데 원만구족하고

지공무사하다는 것이다.

대산 종사는 성리 공부를 위한 표준으로 새기기를 원하며 일원의 진리를 우주의 원리로 풀이한다. 이 우주의 원리를 모두 몰아 '한 두렷한 기틀'로 대종사는 표현한 것이다.

한 두렷한 기틀이 돌고 돌아 유무로 변화하여 만물을 변화시킨다. 그 변화를 주재하고 변화를 이끄는 것도 '나'라는 존재이다. 유有 자리 무無 자리를 돌고 도는 유무란 유는 현실이요, 무란 일원상 진리의 체体이다. 유무有無를 통해 일원상 법신의 체인 무에서 현실인 유로 나온 것이 현재의 이 몸이다. 즉 '나'인 것이다.

나는 앞으로 어찌 되는가? 현재의 이 몸은 유有와 무無의 결정체이다. 현재의 젊은 나는 앞으로 생로병사의 원칙 따라 늙고 병들어 죽는다. 죽었다는 것은 일원상 진리의 무無로 돌아간다는 것이다.

다시 말하면 어디로 돌아갔느냐? 일원상 진리[우주 구조의 원리가 되는 일원 진리의 체용상]의 체体로 돌아갔으니 죽어도 죽은 것이 아닌 체성體性으로 돌아갔다는 것이다. 또 이 체성은 무無로 있다가 유무有無의 무에서 유로 나오고 무로 들어가고 무에서 유로 돌고 도는 것이다.

이것이 오고 가고 하는 유무有無이다. 이를 종합적으로 원만구족하고 지공무사한 것으로 보고 이 법을 공부해야 한다.

성리로 볼 때 우주의 원리에 바탕한 내 몸이요 내 마음이라.

여기에 표준을 두고 유를 무로 만들 줄도 알고 무를 유로 만들 줄도 알아야 한다. 우주의 원리 변화의 법대로 유와 무를 따라 내가 부처가 되어야 한다.

없는 곳에서 있는 곳으로 나오게 되면 여한이 없다. 유에도 끌리지 말고 무에도 집착함이 없어야 된다. 즉 내 마음에 흔적을 남기지 말아야 한다. 설사 작은 겨자씨 하나가 되어 물위에 흘러갈 지라도 온 누리에 가득한 씨 하나로 만들어졌으니 그대로 나는 대大인 것이다.

자신의 마음 바탕도 무無라. 이 무에 표준 하였으니 생사고락에 해탈하고, 애착 탐착이 없고, 유에도 끌리지 않고 무에도 끌리지 않으니 불보살이라 한다.

(4) 무無에서 유有로 새 문명 새 질서를 찾자

성리의 큰 길로 나아가는 원리원칙은 무無에서 솟아나는 유有 소리라야 한다. 이는 무에서 유로 새 세계를 찾아 차차 철들어가는 진리의 소리이자 평화의 소리이다.

세계가 하나이듯 대 세계 일원주의가 생산되어야 하나의 세계가 다가온다. 우주의 원리가 하나이듯 세계 여러 국가는 하나의 대 세계 일원주의로 나아가야 한다. 세계가 하나 될 때 일원주의는 비로소 편만하게 될 것이다.

세계가 일원주의로 새 문명 새 질서를 찾아갈 수 있도록 해야 한다.

대산 종사의 법문을 인용하여 새롭게 새겨 소개한다.

> 대종사님께서 초량교당에서 일원대도를 천명하신 후 성리를 ◯(일원상)로 밝혔다. "모든 것을 일원상 진리에 맞추어 내주셨기 때문에 일원상 성리로 생활할 수 있도록 하였다. 그러므로 우리들이 생활 속에서 성리를 공부할 마음을 낼 수 있어야 한다."하시며 "대종사님께서 표어를 설명하다가 그냥 무릎을 치면서 일어나 '내가 내놓은 법이지만 전무후무하고 좋다. 참 좋다.' 좋아 하시더라"는 말씀을 대종사님 추모담으로 받들었다.
>
> 그리고 이어서 대산 종사는 "대종사께서 일원 성리 대도정

법을 내놓으시고 영생영겁이 이 안에 다 들어있고 제생의세의 대업은 이 법이 아니고는 안 되며 일생 뿐 아니라 영생영겁을 통하더라도 앞으로 나올 법이 더 없을 것임을 우리에게 공부하라는 강한 암시니 누구나 다 할 수 있겠다는 생각이 들었다. 견성은 모두 했다 할 것이다. 삼학 공부로 공부하면 부처가 될 수 있고 사은으로 공부하면 복이 족족하리라 믿는 사람은 성리를 확실히 아는 공부인이라 말할 수 있다."라고 하였다.

세계가 무無에서 유有를 만드는 시대로 전환하고 새 문명 새 질서를 세우는 이때가 시작되었다. 아직 과거의 잔재가 남아 세계는 시끌벅적하지만 대세를 거스를 수 없는 것이다.

평화의 꽃이 좋아요! 내 마음도 살려내고 다른 사람들 마음도 살려주는 사람들이 되어서 '고운 마음'을 이 세계 사람들이 생산하기 시작하였다고 본다. 비록 세계 평화가 멀다하더라도 이 세상은 무無에 바탕을 둔 유有로 새 문명의 질서로 변화되어 가리라고 대종사의 말씀에 근거할 수 있다.

이 세상 방방곡곡에 사는 사람들 모두가 평화의 마음이 솟아나고 미치지 않는 곳이 없어야 이 세계는 새 질서가 피어 날 것이다.

그러면서도 강한 의문이 하나 든다. 사람이 사람을 죽이는 핵무기는 만들어 내면서도 어찌 '고운마음'을 생산하는 곳은 없을까? 지금 이 세계 어느 곳이나 고운마음이 무엇보다 필요로 하는데 말이다.

우리에게 일원진리一圓眞理가 있다. 무에서 유로 사람의 마음을 살려주는 진리이다. 이것을 이 세계 사람들이 생산해 내면 될 것이다. 우리는 진리를 물 쓰듯이 쓰며 무에서 유로 만들어 내는 '바르고 고운 마음'을 생산하고 살아야 한다.

일원상의 진리에서 나온 마음이어야 한다. 우주의 원리가 하나이듯이 이 세계도 하나의 마음이 되어야 하나의 세계가 된다. 우리 마음이 하나의 진리로 되어 있기 때문이다.

마치 이 세계의 수많은 나무마다 꽃의 종류가 각각 다르지만 저마다 꽃을 피어내는 방식은 하나이듯이 이 지구촌에서 살아가는 사람마다 각각의 제 나라가 평화로우면 된다. 이것이 일원주의로 피어나는 진리의 꽃이다.

(5) 유무로 수도와 기도와 교화를 이루자

수도와 교화의 원리는 대大라고 할 수 있다. 기도와 수행과 교화는 변화하는 속에 진급과 인과가 따르니 유무有無에서 소小는 대大자리에 바탕해야 한다.

대산 종사는 과거 성리 공부의 폐단을 다음과 같이 밝혔다.

> 과거 불교에서는 성리를 표현할 때 말로도 글로도 가르칠 수가 없다고 하여 격외별전을 갖가지 방편으로 가르쳤다. 부처님은 그 자리를 삼처전심으로 전했다. 후래 수행자들도 마찬가지로 방편으로 그 자리를 터득할 수 있도록 가르쳤다. 그래서 공空과 무無로 텅 빈 자리에 집착한 것이다.
>
> 그러므로 숙겁에 근기가 수승한 수행자는 쉽게 터득하여 그 자리에 들어갈 수 있었지만 반면, 자칫 잘못하여 성리에 집착했다. 오히려 성리를 이용하는 장난꾼들이 많았다.
>
> 인간 생활에 가장 필요한 복과 혜를 증진하고 복과 혜를 생산하는 그런 일은 소홀히 하지 않았나 싶다. 시대가 시대인 만큼 그리했을 것이다. 성리를 복혜가 족족하고 증산될 수 있도록 생활 가운데에 정확하고도 구체적인 교리를 해석한 바가 없었기 때문이다.

대산 종사는 종전의 불가의 수행처럼 성리에 집착하여 소小

에 빠지는 거짓 성리인을 경계했다.

일원상 진리는 바른 공부의 길로 성리의 대大에 이르도록 하는 길이다. 우리는 일원상 진리에 오르는 공부길로 기도와 수행을 함께하며 교화와 성리도 함께해야 참 성리 공부임을 알았다.

일원상 진리를 바르게 깨쳐서 바른 공부가 되도록 힘써야 하겠다. 일심공부도 하고 선禪과 기도와 교화와 성리 공부가 모두 일원의 진리가 되도록 대소유무로 자세히 밝혔고, 생활과 일에 있어서도 시비이해의 사실적인 길을 열어 놓았다. 공부와 생활 속에 성리로 대大자리에 오르도록 밝힌 것이 일원의 진리이다.

이 기도와 수행의 힘이 모아져서 결국 법강항마를 하고 더 나아가 정식으로 성리의 대大에 이르게 됨을 법위등급에서 자상히 밝혔다.

공부가 그것으로 끝나지 않고 정식으로 성리의 대大에 오르려면 대원정각의 공부를 계속해야 한다. 유와 무를 통하여 선업이 날로 쌓이도록 챙겨야 한다. 기도와 수행, 교화의 그 행위는 유무有無 간에 수행의 선업을 많이 쌓아 올리는 대정진이 있어야 진급의 길로 나아간다.

우리 마음공부인은 유무有無의 자리에서 형상이 없는 진리의 선업을 모아 대원정각을 이루도록 대정진하자.

4. 시비이해의 시是

(1) 성리의 시是를 은혜로 활용하자

성리의 시是는 사은四恩의 지극한 은혜이다. 이 시是는 진리의 시是로 언제나 법신불 일원상 진리와 함께하는 은혜이다.

우주의 원리인 이 시是를 성리로 활용하니 교법의 우수성을 알 수 있다. 이 진리는 인간이 살아가는 길임을 절실히 밝힌 것으로 성리의 길을 열어준 대종사의 은혜이다.

대산 종사의 성리 활용에 대한 법문을 인용하여 정리하였다.

> 소태산 대종사는 일원 진리의 덩치를 우리로 하여금 생활 속에서 이렇게 쪼개보고 저렇게 나누어보며 가지가지로 다 쪼개고 주물주물하게 만들어 자타 간에 복혜가 증진하도록 만들어 주셨다. 요즈음 세상은 기초과학과 아울러서 응용과학이 발달된 나라가 세계 선진국이라는 말을 한다. 기초과학만 아무리 많이 알아도 소용이 없다. 한 때, 소련은 기초과학이 미국보다 엄청나게 앞서 있었지만 응용과학에 관심이 부족해서 생필품을 만드는데 소홀히 하였다.
>
> 도인도 마찬가지로 기초성리와 활용성리를 주물주물하게 하는 사람이 진짜 도인인 것이다.

대산 종사의 법문처럼 기초과학도 중요하지만 응용과학을 소홀히 해서는 아니 되듯이 일원 진리의 덩치로 생활의 길을 열어주는 것이 참다운 길임을 알 수 있다.

앞으로 억만 겁을 지날지라도 일원상의 진리는 변함이 없다. 이 세계도 마찬가지다. 그러나 인간은 아직도 미망에서 벗어나지 못하고 시비이해 속에 헤매고 있다. 우리 마음 공부인은 일원상의 진리를 받들어 마음을 모아 함께 안정된 세계가 되도록 기원해야 한다.

> 법신불 사은이시여!
>
> 평화로운 세계가 되도록 힘을 내려 주시옵기를 간절히 비옵나니, 이 세계 사람들도 일원상의 진리를 믿고 우주의 원리로 받들도록 까지 교화하겠나이다. 아울러 진리 전에 신심과 서원으로 공부하여 후퇴함이 없이 정진하고, 변함없이 평화의 길을 열어가기로 기원하나이다.

원불교 회상을 만나 출가할 때의 초심으로 돌아가 회상해 본다. 처음 전무출신을 하겠다고 정산 종사를 찾아뵈니 "산 부처로 활불이 되라"하고 "일심 외에는 더 큰길이 없다"고 법문하였다. 정산 종사는 이 못난 나를 지켜보고 한 참 지낸 후 "네 마음에 남의 마음을 아프게 하면 큰 부처 이루지 못한다."라고 하며 "마음의 가시를 있는 대로 뽑아 없애라"는 가르침을 내렸다.

한번은 이 몸을 불러 "내가 너를 보니 네가 보이는데 너는 어찌 나를 보지 못하느냐"라고 꾸짖었다. 그 후 6개월이 지나고 정산 종사는 열반 길에 들었다. 누구에게나 내려주는 법문이었지만 '영생을 두고 보은하리라'는 다짐으로 정산 종사의 최후 유지를 받들고 있다.

(2) 대종사는 시是를 하늘에 쌓았다

이 시是는 하나의 세계가 되도록 표준 잡아준 진리이다. 이 시是가 이 세계에 가득하도록 가치를 하늘 높이 쌓아 올린 것이다. 이 마음이 시是가 되어 이 세계 모든 사람들의 마음을 청소하여 맑고 고결하게 씻어주면 온 세계에 빛이 날 것이다.

대산 종사는 종교의 근본 목적이 성리를 깨치도록 하는 것이라고 하였다. 그 법문을 인용하여 소개한다.

> 불우한 이웃을 일시적으로 도와주고 베풀어주는 것만 종교의 목적이 아니다. 또한 사람이 일시적으로 착한 마음이 나게 하는 것도 종교의 근본은 아니다. 종교 문하에 성리를 밝힌바가 없으면 사도邪道요 자선단체일 뿐이다. 단지 한 생은 좋을지 몰라도 영생을 놓고 볼 때 구원받지 못하기 때문이다. 근원을 밝혀 주어야 참다운 종교라 할 수 있다.

대산 종사가 밝힌 종교는 성리를 깨우치도록 하는 것이 목적이다. 일시적으로 남을 돕는 것은 누구나 할 수 있지만 참 성리를 가르쳐야 영생이 구원받을 수 있다는 것이다. 무슨 일이나 한 때 하고 그치는 것은 자성에서 나오는 참 마음이 아니다.

영생을 두고 정진하여 진리의 힘을 쌓아온 사람은 다르다. 태산이 무너져도 자신의 마음이 무너지면 안 된다. 언제 하늘이 무너졌다는 소식을 들어 보았는가?

매일 아침이면 동녘에서 해가 떠오르는 것처럼 자신의 성품 자리에서 적공을 해야 한다. 언제 자성이 변한 일이 있는가. 변하는 것은 자신의 마음이지, 자신의 자성은 우주원리요 일원상의 진리이니 변할 수가 없다.

그러므로 견성을 하는 것은 자기의 자성 자리를 찾음이 된다. 자성 자리를 찾은 참다운 원불교 사람이라면 사람을 사귀어도 '그 사람이 그 사람이지' 몇 천만년을 지낼지라도 변할 사람은 아니다.

원불교가 영생의 내 집이고 내 권속이다. 원불교에서 하는 일 그 자체가 항마위 이상의 수승한 사람이 하는 일이라면, 내가 하나 남이 하나 그 사람을 그 사람으로 알아야 한다. 그러므로 견성한 사람이면 내가 없고 남도 없는 것이다. 한 사람으로 보아야 하고 변해도 아니 되고 서로가 하나 되어 사랑해야 진정한 견성자라 할 수 있다.

서로 존경하며 영겁을 함께 하자. 그러나 동지 간 충고나 의견을 제출하여 잘못을 바로잡을 수 있다면 해야 한다. 혹 보는 것이 다를 수 있으니까 하는 말이다.

(3) 이 시是로 마음부자 진리부자가 되자

욕심은 시是가 아니다. 세계에 참 나의 시是가 가득하면 그 사람의 마음에서 빛이 솟아오른다.

내 마음에 진리가 자유로우면 복혜가 구족하게 이루어지는 것이다. 하늘도 내 마음대로 하니 우주인들 내 것이 아니겠는가. 그리하여야 우주 사람이 될 것이다. 하지만 사람이 진리를 얻기가 그리 쉬운 것만은 아니다. 사생과 육도를 자유로 할 수 있을 때 까지 끊임없이 정진하여야 한다.

대산 종사는 훈련으로 조불불사造佛佛事를 염원하고 훈련원을 짓고 인재를 양성하고 훈련교재를 만들도록 교단을 이끌었다. 훈련으로 복혜를 증진하도록 한 법문을 다음과 같이 소개한다.

> 마음도 진리도 마음대로 하는 공부가 정기훈련과 상시훈련이다. 소태산 대종사는 '정기훈련은 법의 훈련을 받게 하기 위해서 하고, 상시훈련은 수행을 훈련시키기 위해서 한다.'고 하셨다. 정기훈련은 법의 훈련을 받게 했기 때문에 구속성이 있고, 상시훈련은 중생을 훈련시키기 위하여 하기 때문에 자기 자활自活이 있다. 정기훈련을 하는 것은 우리로 하여금 성리를 깨고 내 것으로 만들고 그 덩치를 차지하게 하고 그 다음은 상시훈련으로 그 덩치를 가지고 생활 속에서 이렇게도

쪼개보고 저렇게도 나누어 보아 가지가지로 다 쪼개가지고 주물주물하게 만들어 자타 간에 복혜가 증진하도록 만들어 내는 것이다.

마음부자 진리부자가 되기 위해서 정기훈련도 나고 상시훈련도 받아야 한다. 그러면 훈련을 받은 만큼 마음의 힘이 생기고 훈련을 받은 그만큼 진리를 소유하여 밝은 공부의 능력이 생긴다.

돈도 모으기가 어려운데, 자신 훈련과 노력으로 진리를 얻고 다른 사람들의 마음을 얻기는 쉬운 일만은 아니다.

그러나 사람이 욕심으로 하면 남에게 피해를 입히고, 결국은 자신 앞에 손실을 가져오게 된다. 이처럼 하다가는 인색한 사람이 되기 쉽다. 마음에 복덕성福德性이 없어지니 그 어느 세월에 복을 짓는 사람이 될까?

우리는 복福과 혜慧가 모두 족족해야 한다. 나의 심전心田에 참 마음이 가득하면 일체 중생을 건지고도 복전福田 혜전慧田이 풍족할 것이다. 아무것도 가진 것 없이 마음마저 비어 없으면 누가 그를 보아주겠는가?

나에게 복혜가 없다면 심고 가꾸어 가득하도록 해야 한다. 복과 혜가 구족할 때까지 우리는 멈추지 말고 훈련으로 단련해야 한다.

'세계교화의 원대한 꿈'이란 제목으로 원남교당 최희공 교도는 원무활동에 대한 감상을 말하였다. 미국에서 해외교화의 현실을 보며 마음 속으로 '학문과 교육과 수도의 병진과 원불교대공장 설립과 청년교화의 부활에 하나를 더해서 세계교화에 대한 염원이 원무활동을 시작하는 계기가 되었다'고 한다. 최희공 원무는 지도받는 청년들이 진리와 법과 스승과 회상에 큰 신심을 내고, 큰 서원을 세우는 것을 보는 것처럼 더 기쁜 일은 없다고 했다.

(4) 변하지 않는 체성에 변하는 용을 갖춘 시是

이 시는 변하지 않는 가운데 변함이 있다. 체는 변하지 않는데 용은 변한다. 그래서 이 시는 진리를 갖춘 시是이다. 성리는 이것이 생명이다. 변하지 아니 할 것은 생명을 걸고 변하지 않아야 시是이다. 또한 변해야 할 것은 변해야 함이 이 시是이다.

대산 종사의 기초 성리와 응용 성리에 관한 법문이다.

> 대종사님께서 기초과학과 응용과학을 기초성리와 응용성리로 하여 틀림없이 교리에 밝혀놓으셨다. 그러니까 정기훈련과 상시훈련을 잘 해야 한다. 학생들은 기초성리를 기본으로 연마해야 한다. 캐고 알아서 내 것으로 만들고 그 덩치를 가만히 쳐다보기만 할 것이 아니라 마음대로 생활 속에서 요리해 나눠줄 수 있도록 해야 한다. 후진국일수록 원자재 자원이 많이 있다. 아프리카나 남미나 중동이나 동남아 등에 원자재 자원은 오히려 많이 있다. 그러나 그 사람들이 가난한 까닭은 있는 줄은 알면서도 그 자원을 캐낼 수 있는 기초적인 과학이 없다. 어디에 무엇이 있는가, 얼마나 저장되어 있는가, 무슨 성능을 가지고 있는가 등을 조사하고 확실히 알아서 활용할 수 있는 응용과학이 발달되어 있어야 한다. 그것이 안 되어 있으니 어려움이 있다. 선진국에서 그것을 캐다가 잘 만들어서 다시 파니 맨날 가난뱅이가 될 수밖에 없다.

대산 종사는 기초성리와 응용성리에 대한 법문을 하였다. 기초성리를 깨쳐서 응용성리에 활용을 잘하도록 밝혔다. 기본 원리가 있으니 견성하여 응용성리로 새 세계를 이루어야 한다.

지금은 선천시대는 가고 후천의 밝은 진리의 시대가 다가오고 있다. 하지만 세계는 어두운 과거를 버리지 못하고 지금도 핵무기를 생산하는가 하면, 핵무기를 감축하지 못하고 있는 나라들을 보면 답답하다. 평화를 준비해야 하는데 반대로만 가고 있지 않는가?

변해야 한다. 과거의 전쟁과 대립을 성리의 시是로 돌리고 평화를 열기 위한 준비를 하여야 한다. 과거의 낡은 사상을 버릴 것은 버릴 줄 알아야 한다. 새로움을 모르면 오히려 인류의 미래가 어둡다.

일찍이 대종사는 어두운 시대가 지나가고 밝은 미래가 도래한다고 인류에게 희망의 메시지를 주었다. 변화의 흐름을 막을 수 없는 대세이지만 그렇다고 마냥 기다릴 수는 없다. 우리 스스로 성리에 바탕한 마음공부로 새 세상을 만들어가야 한다.

원불교가 세상에 나온 지 1세기이다. 사람들이 모두 평화를 원하지만 대도정법인 원불교를 알아보는 사람들은 많지 않다. 사람들은 이 법의 깊이와 평화의 종교라는 것을 전혀 모르고 있다. 누구의 탓일까. 우리 자신의 생활의 모습에서 반성과 새로운 각성이 필요하다.

오래 전 일이다. 어느 날 미산彌山 오미산吳彌汕 선생이 완도에 사는 친구인 소남 선생[소산小山 김정광金正光]에게 서한을 보내 총부로 올라오라는 전갈을 보냈다. 소남 선생이 "어찌 나를 보자고 했소?"하고 물었지만 미산 선생은 마땅한 설명 없이 "한 며칠 묵어보시오"라고 하여 그저 10여 일을 총부에서 보냈다. 소남 선생 스스로 원불교 총부를 눈으로 보고 느끼도록 한 것이다.

소남 선생이 총부 생활을 마치고 완도 집으로 돌아가니 부엌에서 아내가 저녁밥을 지으려고 아궁이에 불을 때고 있었다. 소남 선생은 느닷없이 늙은 아내 등 뒤에 대고 땅에 엎드려 큰 절을 계속 올리는 것이다. "아니, 당신 어디 다녀오더니 이제 정신까지 미쳐서 돌아왔소. 이게 무슨 짓이요."하고 부인이 놀라는 것이다. "아니, 내가 미친 것이 아니고 원불교 총부에 가 보니 모두 부처님만 살고 있었소. 이제야 당신이 내 부처인 줄 알았소. 내가 내 부처에게 절을 하는 것은 당연한 일인데 왜 그리 놀라시오."

차분하게 말을 이어간 소남 선생은 "내 평생 내 부처님에게 일하라고 부려 쓰기만 하였으니 내가 그동안 지은 죄가 큼을 생각하였소. 이제 갚을 길이 없소."라고 하였다고 한다.

결국 온 식구들이 감화를 받고 '이 세상에 원불교 법만 있으면 극락이라'고 완도 불목리 마을에 원불교를 알리게 되었다. 그리하여 온 마을 사람들이 동원되어 냇가에 가 돌을 져 나르고, 나무를 옮기고, 흙을 날라 불목교당을 짓게 되었다. 이 인연으로 완도교당, 완도 소남훈련원과 완도 철산농원이 건립되었다. 소남 선생이 교법을 실천하는 모습이 완도에 알려져 원불교가 들어가는 계기를 마련했다.

(5) 일원 진리는 우주의 원리와 인생

우주의 원리나 인생이나 본래 일원상의 진리인 이 시是로 되어 있다. 일원의 진리가 바로 시是이며 이 진리가 나눠짐도 시是이고 바르게 변함도 시是이다.

대산 종사의 일원 성리에 관한 법문이다.

> 과거에는 성리를 공空 도리와 무無로 말하거나 약간 있는 자리를 이야기로 하고 게송이나 글로 표현했다. 하지만 대종사님께서 일원 성리를 밝혀 주어 우리로 하여금 참다운 종교인이 되게 하셨는가를 한번 생각해 보자. 여러분들은 견성하신 분이라 옳게 해도 맞고 거꾸로 해도 맞을 것이다. 이미 정산 종사님께서 '교역자들은 견성했다'고 인증하셨다. 삼학을 아는 것도 견성이고, 사은을 아는 것도 견성이며, 사요와 계문을 아는 것도 견성한 것이니 어떻게 말하든 맞다. 성리를 일원 성리로 해서 뚜렷하게 우리에게 제시하였다. 따라서 성리를 쳐다만 볼 것이 아니라 똑바로 쳐다보고 확실히 알아서 마음대로 하여 먹게 하고, 살찌게 하고, 힘내게 해주셨다.

대종사가 일원 성리를 내었으니 우리는 이 진리만 똑바로 깨치면 되고, 일원상 진리와 삼학과 사은이며 계문도 제대로만 깨치면 우주와 인생살이에도 걸림이 없는 성리가 된다는 대산 종사의 법문이다.

이어서 변하지 않는 시是의 체体와 변함이 있는 시是의 용用이 있음을 밝혔다.

우리 공부인의 마음이 바르면 이 시是는 변하지 않는다. 또 이 시是는 변할 수가 없는 마음이지만 복혜의 길을 열면 상생이라는 변화가 생긴다. 마음은 그 마음인데 새로운 환경 따라 변하면 생각도 따라 달라진다. 사람의 마음도 이 시是가 되면 이 마음이 그 마음인데 세상의 변화에 따라 상생으로 진화가 이루어진다.

사람이 생사의 이치 따라 그 시是로 내 마음과 내 몸을 떠나보내고 새 몸으로 태어날 때에는 전생 일은 기억에서 없어지고 건강한 새 마음이요, 건강한 몸으로 새 부처가 된 어린아이로 태어난다.

이와 반대로 마음을 잘못 사용하여 악도에 떨어지면 어찌되는가를 생각해 보아야 한다. 죄 짓고 잘 살지 못하는 마음도 변화시켜 바르게 새 생명으로 태어나면 그 복을 크게 받을 것이다.

그러니 좋게 하는 것도 내 마음이요, 좋지 않게 변하는 것도 내 마음이니 우리는 서로가 은혜를 갚는 상생으로 부처되어 나와야 한다.

마음의 체는 여전히 변하지 않지만 마음 서원을 새롭게 하여 한 세상 자기의 운명을 열고 보면 성불제중의 앞길이 피어날 것이다.

성리 자리에는 변해서는 아니 될 대소유무의 법칙이 있고, 인간의 다단한 일에 따라 시是도 변함없음에 체를 세우고 상황 따라 능히 변하는 것도 진리의 작용이다.

5. 시비이해의 비非

(1) 해로움을 주는 비非는 되지 말자

일원상 서원문에서 '혹은 진급으로 혹은 강급으로 변하고, 은생어해恩生於害와 해생어은害生於恩으로 변하고, 유상有常과 무상無常으로 변한다.'고 하였다. 그런데 무상으로 보아 배반되는 일이 있으면 어찌해야 할까? 이것은 진리에 배은하는 성리의 비非라고 할 수 있다.

성리의 비非를 예로 들어본다. 교단 초창기에 바다를 막아 논을 만드는 간척사업을 할 때 이웃 마을 사람들이 비웃으며 "이 바다가 논이 되는 날이면 자신의 열 손가락에 불을 붙이고 하늘에 올라가겠다."는 말을 했다. 지금 같으면 이 같은 말을 하지 않겠지만 이것은 분명히 성리로 봐서는 비행非行이다. 이 말은 해서는 안 될 말이다. 또한 근동 부호가 관공서에 드나들면서 자기 앞으로 이전등기를 내려고 하였으니 분명히 이것도 비행非行이다. 해서는 아니 될 일을 하는 것이다. 그러므로 여기서의 비非는 '해서는 아니 되는 비非'이다.

대산 종사의 성리 법문 중 비非와 연관된 법문을 찾아보았다.

> 우리는 처처불상 사사불공이요 불법시생활 생활시불법이라, 잘못 방심해서 아주 무서운 데로 빠질 염려가 많다. 우리

> 법이 너무 크고 바르고 원만하다보니 이 회상에 와서 자칫 잘못하여 영생에 손해를 보는 일도 종종 있다. 공부를 하다보면 그럴 수 있으니 이 법문 공부해야 하겠다.

대산 종사는 이처럼 간절한 말씀으로 비非에 떨어짐을 경계하였다. 우리 교법이 너무 좋다보니 그에 취하여 공부길을 잡지 못하는 내실內實 없는 공부인이 되지 말라고 경고를 하였다.

세상을 둘러보면 그저 중생심으로 살다가 비非에 떨어지는 사람들을 보게 된다. 간혹 세상살이를 하다보면 비非자리를 모면할 수도 있지만 영생을 두고 보면 벗어날 수 없는 진리의 엄중한 무서움을 알아야 한다.

그러므로 비非보다 바른 시是를 찾아 유무有無에서 선업善業을 지으면 선업이 쌓이는 대로 소小를 면하고 점점 커져 성리의 대大에 오르게 된다. 유무 자리에서 대大에 향하는 진리적 종교의 신앙과 사실적인 도덕의 훈련이 있으면 대大에 합하게 된다.

그러나 잘못 비非에 끌려가게 되면 더욱 무서운 죄와 벌을 면할 수 없다. 성리의 소小자리에 있는 사람이 비非를 향한다면 '누가 나를 구제해 줄 것인가'하고 자신을 뒤돌아보아야 할 것이다.

자신이 잘못하면 세상에는 오히려 나를 반대하는 사람이 많아진다. 그러므로 소태산 대종사는 이 세계를 하나로 보고 일원상의 진리를 밝히며 처처불상 사사불공으로 마음공부 하라 하였다.

만일 배신하여 삼악도에 떨어지면 나를 구제해줄 사람이 아무도 없음을 알아야 한다. 환경이 변함에 따라 모든 것이 변하고 마는 까닭이다. 믿고 믿었던 사람들도 모두 흩어지고 나면 나를 알아주는 이 없어 오히려 삿된 무리들만 가까이 오면 어찌 하겠는가? 혹여 꿈에라도 이런 무리가 찾아오면 물리쳐야 할 것이다.

우리는 일원상 진리에 근거한 인연과 만남을 통해 세상과 소통하면 길이 열리지만 반대로 삿된 인연붙이들이 만나 소小의 세계로 떨어지게 되면 암담할 뿐이다.

중생은 나 혼자만의 생각으로 옳다고 믿는 데에서 비非에 떨어지기 쉽다. 잘못된 비非는 나에게 집착하여 착심으로 나타나게 된다. 성리를 버리고 혼자 오른 길은 자칫 하나라는 주착에 떨어져 바른 시是는 간 곳 없고 내 생각 아닌 길만 있을 뿐이다.

비유를 하나 들자면 한 나라의 대통령이지만 나 하나라는 집착에 떨어진다면 어느 국민이 믿어주겠는가?

자신이 한 나라의 대통령이 되었다 해도 그 때 뿐이지, 나의 영생을 진리적으로 이끌어 주는 사람이 없으면 모두 허사가 되고 만다.

한때는 정치를 잘하여 여러 사람의 대접을 많이 받았다 할지라도 한 생 마감하면 끝이다. 결국은 살았을 때 많은 사람을 돕고 사람들을 구해주지 못했다면 원성만 남게 될 것이다. 자신 때문에 죽어간 영혼들의 아우성을 들어야 한다.

(2) 내 인생이 비悲로 끝난다면

비非로 마치는 인생이 비悲라면
천 세상 만 세상 업業으로 죽어만 간다.
너 죽고 나 죽으니, 온 세상 모두가 슬피 운다.
비非로 시작하여 비非로 마치는 인생이라
괴로워서 괴로워 끝이 없이 죽어만 간다.
놀라서, 무섭다 했던 한국전쟁을 겪고도
크고 작은 세계마다 지금도 총 불이 튄다.
틈에 낀 비행의 업보마다
비운의 행렬에서 모두 묻혀만 가는가.
아~ 썩어만 가는 사람이 하도 많아서,
지장보살은 여태껏 허리 숙여 통곡을 한다.

대산 종사는 공부인이 성리 공부를 하며 자칫 빠질 수 있는 경계를 다음과 같이 밝혔다.

> 대종사님께서 성리를 아는 가운데 영생을 가장 경계 하는 것이 <정전>에 있다. 참회문 끝에 '자칭 도인의 무리가 왕왕이 출현하여 자성의 분별 없는 줄만 알고 분별 있는 줄은 모르는 연고라'라고 하셨다. 수도하는 가운데 영생에 걸쳐 우리를 엄청나게 구제해 주신 큰 법문이다.

위의 법문처럼 공부를 등한히 하며 계문이 무서운 줄을 모르는 수행인을 경계하고 악도에 떨어지지 말라는 말이다.

한때 북한에서는 불교를 일종의 종교철학으로 보고 비과학이요, 황당한 논리라고 부정하였다. 현재는 불교를 문화적 가치로서 중시하여 보존과 이용을 하고, 우리 선조들의 훌륭한 건축 기술과 기교를 잘 보여주고 있다는 점에서 관리를 하기 시작하였다. 최근에는 인민들이 조국을 사랑하는 정신에 도움을 주는 것으로 판단하고 불교의 사찰과 스님의 존재를 인정하고 있으며, 임진왜란에서 승병들이 올린 투쟁을 높이 평가하고 있다. 하지만 아직도 불교는 하는 일 없이 놀고먹는 종교라고 부정적인 평가를 한다.

그런데 북한에서 '원불교는 과학적인 종교요 활동적이며 생활에 도움을 주는 종교로 인식한다.'고 한다. 통일 후에는 원불교의 사상이 널리 보급되리라 보지만 남북한은 앞으로 인과가 무서움을 알아 상생의 길로 가야 한다.

남북한은 하나이면서도 개별적인 상극의 인연이 있어 왔던 것으로 보인다. 차라리 다른 나라라면 가서 만나보고 자유롭게 다녀오기도 하겠지만 이도저도 못하는 사이로 마음 한번 놓을 사이도 없이 긴장 상태의 연속이니 남북한은 무슨 인연일까?

(3) 비非로 평화 없이 싸운 원인은

각각의 나라가 서로 싸우면서
흥망성쇠 목숨 걸고 다퉈왔을까
다른 사람 너나없이 원수로 보고
이 사람 저 사람을 죽여 왔었네.

영웅호걸 술래놀이로
천하의 대권을 잡아 보려 세워온 칼날
얻은 것이 무어라 이름이 없고
차지한 명예와 권력은 뜬구름이네.

자신의 세력 확장하려고
무력과 세력, 이 모두 잡아왔지만
성리로 진리로 원리로
비非의 근원을 인과로 찾아보세.

대산 종사는 삼독오욕을 제거하려면 견성 뿐이라 했다. 이 법문의 원형을 밝혀 간략히 소개한다.

삼독오욕을 제거하는데 그 근원을 알아 녹인다. 그러지 못하면 일시적으로는 제거되어도 금방 또 일어난다. 대원견성한 사람은 <대종경>에 묵은 때를 양잿물로 세탁하여 한 번에 깨끗이 빼는 것과 같다고 하셨다. 마음에 때 묻은 것을[三毒五慾] 걱정 말고 잿물 구하는 것에 힘써라. 번뇌 망상은 누구나 있다. 견성 해 버리면 한 점의 눈에 지나지 않는다. 대원 견성해 누진통이 되고 일체가 청정법계의 벌려 있음이 알아져 사통오달로 막힘없이 통한다. 그래서 성리를 꾸어서라도 보라는 것이다. 성리를 봐야 한다. 과거의 잘못은 걱정할 것 없다. 근원을 알아 녹이면 그만인 것이다. 한숨 쉬는 동안 깨끗이 녹아 풀려진다. 걱정 말라.

세상 사람들이 평화롭게 지내지 못하고 서로 싸우는 이유가 무엇일까? 대산 종사의 말씀처럼 삼독오욕 때문인 것 같다. 인간들은 자기 욕심을 채우지 못하여 걱정이고, 서로 그 욕심을 채우려고 싸우다 원한으로 죽고, 죽으면 그것이 업이 되어 또 다투면서 싸움이 멈추지 않았기 때문이다.

이 세계는 아직도 죄업을 청산하지 못하고 지금도 싸우고 있으니 말이다. 그 증거로 과거 일본의 비행非行을 보면 알 수 있다.

일본의 도요토미 히데요시는 일본 열도를 통일한 후 임진왜란을 일으켜 조선을 침략했다. 조선을 점령한 후 중국까지 넘보려는 야욕을 드러냈다. 그러나 일본은 임진왜란을 실패로 끝내고도 그 야망을 버리지 않았다. 고종황제 시대에 우리의 땅을 뺏으려 황실을 점령하고 명성황후를 죽이고도 모자라 한일강제병합의 치욕을 안겨준다. 그 뒤 중국 만주를 점령하여 만주국을 세우고 마침내 중일전쟁까지 일으켰다. 그것도 부족해서 제2차 세계대전을 빌미로 멀리 동남아까지 점령하고 미국 하와이를 공격하나 미국은 일본의 히로시마와 나가사키에 핵폭탄을 투하하였다. 1945년 8월 15일 일본 천황은 눈물을 흘리며 항복 선언을 한다.

현재 일본은 온갖 비행을 저지르고도 끝내 그 야망을 버리지 못하는 것 같다. 일본뿐 아니라 이 세계는 전쟁의 불씨가 종식되지 않고 있으니 그 비행을 누가 멈추어야 할까?

(4) 전쟁으로 울고 있는 세계

세계는 IS 무장단체의 테러에 긴장하고 있다. 테러의 이면을 들여다보면 간단하지 않다. 아랍에는 종교, 석유가 있다. 서구 열강의 식민지 경쟁도 있었고, 미국의 이라크나 아프가니스탄 전쟁과 시리아 내전 등 한몫을 더하고 있다. 여기에 팔레스타인과 이스라엘이 있다. 무슬림과 유대인 양쪽의 성지가 예루살렘에 있다. '한 손에 코란, 한 손에 칼'이라는 섬뜩함이 있다.

중동지방은 절대 단순하지 않은 문제로 얽힌 화약고인 셈이다. 세계적 석학들은 팔레스타인과 이스라엘 분쟁은 '서구 열강의 장난질이 결정적 요인으로 작용한다.'고 말한다. 중동지방의 문제를 해결하지 못하고 결코 세계 평화는 있을 수 없다. 하나의 세계와 세계평화는 기대할 틈이 보이지 않으니 답답할 뿐이다.

대산 종사의 영육쌍전에 대한 법문이다.

> 정산 종법사님께서 영기질靈氣質을 말씀하셨습니다. 성리가 영기질을 통해서 진리가 완전히 나오도록 하는 영육쌍전이 바로 그렇습니다. 우리가 보통 영육쌍전하는 것이 아닙니다. 원리편 13장에서는 이 일원상의 진리를 공부해 나가고 성품과 우주 자연의 진리를 깨치는 그 원리를 자세히 말씀해주셨습니다.

중동지방은 물론이고 이 세계에는 울고 있는 사람들이 많다. 이 세계를 구하기로 하면 위의 법문에서 밝혀주신 '영육쌍전의 길'이라고 본다. 그 이유는, 세계 사람들이 먼저 우리 일원의 진리가 바로 우주의 원리임을 알면 당신들 알라신이 곧 우주의 원리임을 알게 된다. 알라신이 우주를 창조하였다는 말이 바로 우주의 원리와 알라신이 하나의 진리라는 말인데 그 말을 모르고 알라신만 찾다 보니 다른 종교를 배타하고 전쟁도 불사하며 상극이 되는 것을 알 수 있다.

과학으로 보면 우주의 원리는 일원의 진리임을 알 수 있다. 우주의 원리와 에너지가 들어 있기에 우주 만유가 한 기운이요, 천지 부모 동포 법률로 되어 있기에 인간을 비롯하여 동식물이 살고 있다. 이것 역시 영기질로 풀어 보면 알게 된다.

원불교 교법으로 보면 하나의 원리이지만 이를 다른 종교에서는 신이다 알라다 여호와다 부처다 한다. 다른 종교를 이단시 하면서도 자기 종교를 해롭게 한다고 사람을 죽이고 불상을 망가뜨리는 등의 행위를 서슴치 않는다. 종교가에서 해서는 아니 될 비행을 당연한 신앙 행위로 보는 것이다.

지금처럼 앞으로도 이 세계는 싸우면서 살아야 할까? 핵폭탄도 수십, 수백 개 터트려 보고 지구촌 사람들 모두 죽어가도록 마음대로 싸우다가 죽어야 할까? 하도 기가 막혀 가슴 치다가 먼저 죽는 사람이 나올 것만 같다. 세계 도처에서 발생하는 테러 행위도 그렇고 아편왕도 그렇고 핵폭탄으로 인류를 위협하는 짓도 그렇다.

성리의 비非가 이처럼 무서운 줄 일찍 몰랐다. 참으로 성리에서 보면 이런 비非가 아니다. 비는 성리의 대大자리에 오르기 위한 비非가 되어야 한다.

(5) 비非를 진리로 살려 인류를 구하자

우리는 진리로 사는 사람들이다. 성리의 비非를 깨쳐 성리의 대大로 세계를 구하는 사람이 되어야 한다. 그렇다면 어찌해야 할까?

대산 종사는 정기훈련과 상시훈련으로 성리를 단련하자고 했다. 그 관련법문을 인용하여 재정리하였다.

> 선진국에서 후진국에 있는 지하자원을 파내어 활용할 수 있는 응용과학으로 잘 만들어서 다시 후진국에 파니 그들은 맨날 가난뱅이가 될 수밖에 없다. 대종사님은 수도하는 사람에게 그러지 말라고 정기훈련과 상시훈련을 하도록 했다. 이것이 잘 조화를 이루면서 공부를 할 때 성리 공부를 잘 한다고 할 수 있다. 그래서 정기훈련과 상시훈련에는 수행인에게 어떻게 사반공배事半功培가 되는가? 또 어떤 이익이 있는가? 알아서 그대로만 하면 과거 천생千生에 할 수 있는 것을 단생에 할 수 있고 단생에 할 것을 몇 년에 할 수 있고 몇 년에 할 수 있는 일을 몇 달에 할 수 있고 몇 달에 할 수 있는 것을 통만법명일심通萬法明一心만 알면 하루에 끝날 수도 있다. 그것을 정기훈련과 상시훈련에서 해야 하는데 그것이 성리로 쪄져야 한다. 내가 쪄지지 않으면 안 된다. 그것이 첫째 사제훈습師弟薰習이다.

성리 공부를 잘하면 성리의 비非로도 마음을 깨우치고 살려 세계를 구하는 사람이 될 수 있다. 다른 사람의 마음을 살리는 사람은 남의 나라도 살려줄 수 있어야 한다. 가깝고 먼 인연을 가리지 말고 처지 따라 성리의 대大로 인도하여야 한다. 그 마음으로 다른 사람의 길을 찾아 앞일을 열어 줄 수 있어야 한다. 이것이 서로를 챙겨주는 미덕이요, 이것이 없는 단체나 가정은 죽어가는 길로 보아야 한다.

성리의 대大로 인도하는 비非를 행할 때도 있어야 한다. 사람들의 비행非行을 비非로 지적하여 성리의 대大에 오르도록 하는 것도 대비大悲이다. 참으로 공부하는 사람은 도반이 잘못을 저지르면 충고하고 계문을 지키도록 바로잡아야 하는 것이다. 제자를 엄격하게 훈육하는 것도 스승의 도이다.

악도로 떨어지는 비非가 아니라 솔성요론을 행하고 사은사요 삼학 팔조를 공부하도록 깨우침을 주는 성리의 비非로 알아야 한다. 성리의 대大로 향하도록 길을 열어주는 공부의 비非를 활용하여야 한다. 이것이 곧 무자비의 대자대비 행이다.

(6) 일원 진리의 비非로 빈틈이 없는 천지

앞으로 파란고해의 일체 생령을 광대 무량한 낙원으로 인도하려면 성리의 비非의 역할이 무엇인가를 알아야 한다. 해害로운 악행을 보고 정의를 부르짖는 용기가 있어야 하고, 수행자라면 더 나아가 성리의 대大자리에 오르기 위해서는 아닌 행동도 부득이 해야 한다. 지범개차持犯開遮라고 하였다. 어떤 경우에는 산 목숨을 살려주기 위한 방편으로 계를 어길 수도 있으나, 어떤 경우에는 죽는 한이 있어도 계를 어겨서는 아니 된다. 대중 공사를 할 때 가장 최선의 방법을 정할 때가 있다. 그 때 차선책으로 선택할 수밖에 없을 때는 한 차원 높은 수준으로 불가피하게 비非를 행해야 한다.

성리의 비非로 성리의 대大에 오를 수 있는 법을 알아야 한다. 대산 종법사는 "나 혼자 아무리 잘 하려하여도 잘 안 된다. 잘 못하면 독불장군이 된다. 반드시 사제훈습師弟薰習이 있어야 한다. 부모가 무식하고, 째보고, 곰보고, 절름발이고, 눈먼 장님이라도 아이를 낳으면 자신이 죽는 그날까지 자식 잘되라고 훈증을 한다. 자기의 성리의 덩치를 자식한테 다 준다. 사랑을 주는 것이 성리의 덩치를 주는 것이다. 내가 품고 있는 성리를 성태장양聖胎長養하려고 할 때도 이와 같이 해야 한다. 지금은 대종사님과 정산 종사님이 우리를 일일이 챙겨주지 않지만 정기 상시훈련법을 내놓아 끊임없이 자비의 덩치를 품어 주시는 것이다."라고 하였다.

대산 종사의 법문에서 성리의 대는 성리의 소를 품고 잘 키워냄이 우주의 원리인 일원상의 진리가 만유를 장양시키는 것임을 알 수 있다.

부모의 내리사랑이나 스승의 훈증은 성태를 장양하는 원리에 기초하여 훈증으로 기르는 것이다. 자식이나 제자가 잘못된 행동을 할 때 제지하는 것이 바로 성리의 비非를 깨우쳐 주는 자비임을 알아야 한다. 이것이 부모의 사랑이요 스승님의 가르침이다. 다시 말하면 잘못된 행동을 질책하는 것은 소小자리에서 행한 비非지만 죄업을 짓지 않기를 바라는 대大자리에서 행한 사랑과 자비가 들어서 소小를 장양長養하는 것이다. 결국 성리의 비非는 부처를 만드는 비非라고 말할 수 있다.

온 천지는 물만 가득할 수 있는 것은 아니기에 땅이 있고, 지옥세계만 있는 것이 아니라 낙원세계도 있는 법이다. 종교도 마찬가지로 각양각색으로 다양할 수밖에 없다. 그렇다면 가장 원만하고 모든 사람들이 행할 수 있는 종교를 선택해야 하는 것이 당연하다.

우리 원불교 교도들은 진리적 종교의 신앙과 사실적 도덕의 훈련으로 정신의 세력을 확장하고, 물질의 세력을 항복 받아 파란 고해의 일체 생령을 광대 무량한 낙원으로 인도하는 사명을 가져야 한다.

마음공부로 낙원세계 만들려는 노력도 중요하지만 성리에

바탕을 둔 깊은 공부를 해야 '하나'가 된다. '하나'는 일원의 대大자리에 합일해야 하고, '하나'가 되어야 평화세계가 될 것이다. 그래야 모든 인류가 구원을 받을 수 있다.

이 세계는 일원 진리의 비非가 빈틈없이 내리도록 은혜를 생산해야 한다. 과거에는 종교인들의 머리가 너무 과하여 청정하게 살았고, 사람들은 부족한대로 싸우면서 살았지만 이제는 일원진리 시대라 모두가 하나로 사는 은혜를 입게 될 것이다.

과거의 종교는 분립되어 각각의 종교 위주로 신앙하고 수행했다. 종교를 창시한 성현들의 본의와 상관없이 사람들은 울을 짓고 배척하고 편협하게 종교 위주의 도그마에 빠져 다른 종교를 철저히 배격했다. 세계는 외형적으로 하나의 세계가 되었으나 아직도 내면적으로 서로를 배척하고 있다. 종교의 본의를 잊고 종교끼리 전쟁도 마다하지 않고 있으니 말이다.

앞으로는 열린 종교 열린 사상의 종교가 세계를 구원할 것이다. 무엇보다 종교 간 대화와 평화가 선결 과제이다.

일찍이 대산 종사는 일원의 진리에 근원하여 세계평화 삼대제언을 밝혔다. '진리는 하나, 세계도 하나, 인류는 한 가족, 세상은 한 일터, 개척하자 하나의 세계'라고 천명하며 우리 모든 인류가 심전계발의 훈련, 공동시장 개척, 종교연합기구 창설을 제안했다.

아울러 인류의 선결과제를 세 가지로 제시하며 종교인들이 앞장서서 인류에 대한 영과 육의 빈곤·질병·무지를 퇴치하자고 강조했다.

지난 18세기 영국의 산업혁명 이후 세계는 각 방면으로 눈부신 발전을 이루었다. 앞으로도 끊임없이 발달해가는 과학의 분야를 생각해야 한다.

앞으로 과학은 종교의 어려움을 풀어주어야 하고, 종교는 과학이 못하는 분야를 풀어주는 역할을 서로 해야 한다. 과학과 종교는 상호 보완하여야 낙원 세상이 앞당겨질 것이다.

여러 종교마다 주장하는 낙원, 극락, 천당, 이상세계, 유토피아 건설을 현실에서 꿈꾸어 본다.

인류가 전쟁이 없는 하나의 세계를 이루기 위해서는 남의 종교를 이해해야 한다. 종교 간 대화와 이해를 통해 서로 바로 알아가는 것은 참다운 신앙인의 기본자세라고 할 수 있다. 종교와 과학이 각각 나눠있을 때는 내 종교만 생각하지만 모든 종교가 합력하여 나갈 때는 전체를 하나로 보는 안목이 생긴다. 앞으로 세상은 함께 갈 수 밖에 없고, 종교도 연합하여 낙원 세상을 가꾸는데 앞장서게 될 것이다.

지금은 종교 간 대화와 이해를 위한 장이 있다고 하지만 자기 종교만 주장하고 있으니 답답할 뿐이다. 자기 종교가 최고라는 집착을 내려놓고 남의 종교를 이해하고 합의하는 시대를 열어가야 한다.

<대종경> 전망품 26장을 보면 "지금의 모든 종교는 그 신자들에게 충분한 훈련을 시키지 못하는 관계로 일반적으로 종교인이라 하여 특별한 신용을 받지 못하지마는 그 때에는 모든 종교의 교화 사업이 충분히 발달되므로 각 교회의 신자들이 각각 상당한 훈련을 받아 자연히 훈련 없는 보통 사람과는 판이한 인격을 가지게 될 것이요, 따라서 관청이나 사회 방면에서 인재를 선발하는 데에도 반드시 종교 신자를 많이 찾게 되리라."고 대종사 말씀하셨다.

이 가르침은 일반 사회 국가에서 인증하는 종교, 훈련받은 종교의 신자를 우선 인재로 채용할 것임을 예시한 말씀이다. 원불교 뿐만 아니라 모든 종교의 참다운 신자들도 환영할 것이다.

유사 이래 수천 년을 두고 종교는 세계의 지도층에서 인류구제의 사명을 다해왔다. 이제는 과학의 발전으로 인하여 종교도 새로운 시대에 적응해야 한다.

과거는 각 종교마다 신앙의 대상이 다르다고만 알았지 근본원리가 같다는 것에 주목하지 않았다. 모르는 것이 아니라 철저히 외면하고 배격해 왔다. 세계는 대우주 안에 들어있는 하나의 지구촌이다. 이 지구도 우리 인류도 우주의 원리를 떠나서는 존재할 수 없듯이 각 종교가 신앙하는 구경의 원리도 우주 원리를 벗어날 수 없음을 알아야 한다.

그러므로 각 종교의 원리도 이보다 더하거나 그 이하도 아니다. 이러한 의미에서 각각의 종교 원리는 결국 하나이고 세계도 하나일 뿐이라는 자명한 사실을 깨달아야 한다.

(7) 새 세계 건설의 원리와 원칙

새 시대 새 세계의 원리는 '하나'이다. 진리도 하나이고 세계도 하나이고 인류도 한 가족이다. '하나'이기에 하나의 원리로서 하나의 세계 건설을 해야 하는 근거가 된다.

진리적이고 사실적인 차원에서 부족함이 없는 하나의 세계요 낙원의 세계를 건설하는 것이 이상적인 원리요 원칙인 것이다.

대산 종사의 법문을 인용하여 재정리하여 본다.

> 어느 날 대산 종사가 대종사와 문답을 한 일이 있다.
>
> "수레의 한가운데는 돌지 않고 서 있지만 수레바퀴는 돈다. 일원상 한가운데를 보라. 움직임이 있는가? 일원상의 중심은 원상을 굴리고 있는 것이다. 그럼 뭉치면 어떻게 될까? 뭉친 힘이 빛으로 나온다. 무서운 힘의 빛으로 만물을 살린다. 교리도를 거꾸로 보라. 처처불상이라 하니 내가 불상으로 보이는가?"
>
> "예, 그렇습니다."
>
> "그러면 너도 부처냐?"
>
> "몸으로 차별하심이 있으십니까? 없으십니까?"
>
> "나는 모르겠다. 왜, 얼굴 닦는 세수 수건은 깨끗이 하고 발수건은 아무렇게나 하느냐? 그것이 차별하는 것이 아니냐?"

대종사님의 이 말씀에 나는 깜짝 놀랐다. 일상생활에서 차별심으로 살면 모순에 빠질 수 있다. 그러므로 대종사님은 모순에 빠지지 않도록 성리를 대소유무로도 말씀하셨고, 시비이해로도 밝혔다고 생각한다.

이렇듯 대산 종사의 법문을 살펴보면 법신불의 체성과 일원상 진리의 중심을 밝혀 성리에 차별이 있으면 부처가 아니라고 했다.

일원상의 진리는 바로 우주의 원리요 모든 종교의 원리이다. 또한 모든 성현의 진리 바탕이요 이 세계 모든 사람의 본성이다. 우주의 원리는 대소유무의 이치로 그 위력은 한량이 없다. 종교의 원리요 바탕이 일원상 진리이니 어느 종교나 마찬가지로 바탕이 된다. 성현이나 사람 또한 진리가 본성이니 그 바탕이 같다는 것이다.

종교 이름과 신앙처가 각각 다르다고 하나 모두가 일원이니 이 범주에 들지 않음이 하나도 없다. 그러므로 모든 종교가 주세종교라고 해도 과언이 아니다.

(8) 우주 전체를 살리는 원리

종교는 상대의 적이 있으면 아니 된다. 과거는 인지가 밝지 못하여 종교간 교리 논쟁을 하고 심지어 전쟁도 불사했다. 오직 선택된 종교요 선민사상이 지배했다. 그래서 하나에 집착했다. 하나를 살리려고 다름을 배척했다. 앞으로는 종교끼리 시기하고 배타하면 이런 종교는 인류 역사에서 사라질 것이다. 우주 전체를 살리는 원리의 종교가 주세종교로 인정받을 것이다.

대산 종사가 부산 다대포에서 내린 법문을 인용하여 소개한다.

> 대종사는 일원 성리를 밝혔다. 일원 성리는 교리라고 했다. 교리는 모든 사람이 알기 쉽게 신앙과 수행의 원리를 성리로 밝힌 것이다. 공부의 유무식을 막론하고 견성을 못했어도 교리 그대로 말하면 설명이 가능하고 더위잡기가 쉽다. 일원 진리를 신앙하고 일원상 수행을 하면 그 자체가 성리생활인 셈이다. 보조국사 지눌은 <수심결>에서 돈오돈수와 점수돈오로 수행의 길을 밝혔으나, 대종사는 모두 초월하여 공부길을 밝혀 돈오돈수와 점수돈오를 포함하되 거기에 얽매이지 않게 했다. 견성 전이라도 비틀어진 수행만 하지 않으면 교리로 성리의 문에 들어올 수 있게 했다.

소태산 대종사는 성리의 목적이 깨침에 있고, 일원 성리를 밝힌 그 의의는 돈오돈수나 점수돈오를 뛰어 넘는 고차원의 성리라는 데에 있다. 교리의 우수성을 보아 종교 중에서도 주세 종교임을 알 수 있다. '나를 믿으라'하고 '나 밖에는 없다'고 주장하는 종교는 어린 종교이다.

나라고 보는 작은 생각으로 하늘을 나로 보고 진리를 나로 보면 상대를 짓는 것이다. 우주에 두루한 일원 진리의 세계가 나인 줄을 모르는 종교인이 되어서는 더더욱 아니 된다.

'나'에 집착하여 나만의 세계에 종교를 가둬 놓았으니 궁극에는 싸울 수밖에 없다. 앞으로는 모든 종교의 문이 열리고 두루 감싸 주는 원만한 종교가 세계의 주인이 될 것이다.

종교뿐 아니라 모든 사상과 정치와 문화와 과학을 막론하고 열린 사고가 중심이 될 것이다. 따라서 종교도 신 중심의 구차한 이론을 떠나 우주의 원리를 본위로 하는 시대가 열릴 것이다.

6. 시비이해의 이利

(1) 성리의 대에서 내려오는 소小의 이로움

성리의 대大에서 내려오는 가르침이 유무有無의 공간과 시간을 통하여 만유에게 평등으로 내려오는 은혜의 이익利益이 있다. 처음 소小가 이 이利를 받아 자라서 결국은 성리의 대大자리를 깨쳐서 마침내 소小자리를 면하고 대大에 오르게 된다. 온 인류와 만물에게 고루 내리는 성리의 대大의 위력威力을 받고 자라는 것이 소小이다. 또한 위력이 내리는 방법 따라 소小는 짓고 받는 인과의 차별이 따른다.

대산 종사는 훈련법을 장인이 도자기를 빚거나 쇠를 담금질하는 방법으로 비유하곤 했다. 그 법문을 간략히 정리하여 소개하면 다음과 같다.

> 대종사님 당시 조그마한 자기 그릇이 영산에서 올라왔는데 그것이 신라시대의 것이라 했다. 요즘에는 모양 좋은 자기들도 많은데 이렇게 투박하고 조그마한 것이 몇 천만 원이라 하는데 이것이 왜 가치가 있겠는가? 대도야大陶冶하기 때문이다. 자기를 구운 도공이 정성으로 뽑아냈기 때문에 돈으로 따질 수 없는 물건이 나왔다. 이것은 크게 정진해서 도를 닦으라는 뜻이다. 정기훈련과 상시훈련도 이와 같다. 뜨거운 열을

가해주어서 잡철을 빼내준다. 똥 뺀다고 한다. 우리로 하여금 잡탕을 뺀다. 어떻게 빼는가? 성리로 돌아갈 수 있도록 잡탕을 다 빼야한다.

대산 종사는 모양 좋은 그릇보다 정성으로 뽑아낸 도자기가 가치가 더 높다고 하였다. 투박한 그릇일지 몰라도 도공의 정성이 들어있기에 그 가치가 있는 것이다. 도자기와 쇠를 단련하듯이 잡철을 두들겨 빼고 잡탕을 거둬내야 한다. 그 고통을 감내하고 참아내야 이로운 것이다.

세상의 온갖 수모와 업신여김과 고통을 감내하여야 비로소 나의 업장이 녹는다. 삼세의 업장은 쉽게 녹지 않는다. 이차돈의 순교로 신라에 불교가 뿌리내릴 수 있었듯이 천신만고를 지내야 할 때도 있다.

석가모니의 십대제자 중의 한 사람인 목건련 존자는 신통 제일이라 칭한다. 그는 열심히 수행하여 아라한과를 증득하고 어머니와 지옥 중생을 제도할 만큼 뛰어난 분이었다. 여러 지방을 순회하며 불법을 크게 선양하다가 외도들의 갖은 암살을 모면하다 마침내 돌팔매질로 타살을 당하였다.

목련 존자는 비참하게 죽기 전 신통력으로 그의 전생을 보았다. 전생에 부모를 죽인 과보 때문에 죽음을 피할 수 없다는 사실을 알았다. 정업을 면할 수 없다는 이치를 안 것이다. 전생에 부모를 죽인 인과로 인하여 금생에는 아주 슬픈 죽음을 맞이한 것이다.

앞으로 정신의 위력을 알아보는 시대가 돌아온다. 정신수양 사리연구 작업취사의 삼대력을 본위하여 도덕성과 인성을 평가할 것이다. 그때는 지혜롭고 슬기로운 사람이 주인인 세상이 될 것이다.

미래 세상은 성리의 대大자리에 근원하여 소小의 차별된 세계에서 이利가 가득한 낙원세상이 전개되리라는 진리의 위력을 믿는다.

(2) 소小에게 이로움을 주는 일원 진리

일원의 진리는 온 우주 만물을 하나로 총섭한다. 하나의 덩치로 우주의 성주괴공과 자연의 생로병사와 인간의 심신작용으로 진급과 강급으로 돌면서 이利를 베풀고 있다. 따라서 지수화풍의 조화로 산천초목이 변화하고, 사생과 육도중생이 함께 어울려 이利를 주고받는 것이다.

요사이 과학자들이 증명을 하고 있는 하나의 이론이 있다. '온 우주 생명론'이라고 과학자들이 내놓은 이론이다. 우주생명은 큰 생명이고 하나라 하였다. 그래서 우리 세포수가 수억 개인데 이 세포가 하나로 붙어 있으면 사는데 떨어져 있으면 순간적으로 죽는다고 하며 세포내 염색체가 또 세포내에서 떨어져 나가면 그 순간에 또 죽는다고 한다. 붙어있으면 사는데 떨어져나가면 죽는다고 한다. 그러니 우주적으로 볼 때 사람도 우주 생명의 한 세포이고, 나무도 우주 생명의 한 세포라는 이론까지 발전한다고 말한다.

우주 전체의 큰 '나'가 있고, 내 몸은 작은 '나'로 보는 견해가 있다. 우주를 이루고 있는 원리는 우주만유 전체를 거느리고 있고, 우리의 몸은 수억 개의 세포를 거느리고 있다. 우주에는 만유 전체를 거느리는 일원 진리가 있고 사람의 몸도 그러하니 소우주라 한다. 우주만유의 대와 작은 나인 소가 서로 상생으로 살아가니 이로운 관계라고 할 수 있다.

우주만유에 존재하는 만물은 서로가 은혜의 관계임을 원불교 교리에서 '사은四恩'이라고 밝혔다. 천지 부모 동포 법률에서 입은 은혜를 생각해보면 우리가 사은을 떠나 살 수 없는 관계라고 했다. 없어서는 살지 못할 관계가 은혜라는 것이다. 일원 진리는 근본적으로 이로운 관계로 나눠있을 때나 합하여 있을 때나 은혜라는 것이다. 따라서 일원 진리는 낱생명에게도 이로움을 주어 대자리와 소자리가 하나의 은혜 덩치 안에 인과로 작용하게 한다.

(3) 상생의 이로움을 주는 인과의 원칙

상생으로 이루어진 인과의 이치가 있다. 반대로 상극으로 이루어진 인과도 있다. 인과라는 큰 틀에서 보면 상극의 인과도 선연으로 돌리면 능히 상생의 조화로운 관계가 될 수 있다. 과거는 상생의 인과보다 상극의 인과로 원한이 쌓이는 갈등 관계였다면 돌아오는 세계는 상생의 조화로운 낙원 세계가 될 것이라고 성현들은 밝혔다. 서로 남을 돕는 상생의 이利를 주는 새 세계가 열리면 전쟁은 사라지고 평화의 세계가 열릴 것이다.

대산 종사는 대종사가 교리로 밝힌 '사은'을 만유의 한 체성과 한 근원이라는 관점으로 놓고 성리를 공부하자고 했다. 이 법문을 인용하여 요점만 정리하였다.

> 만유가 한 체성의 입장에서 보면 이 우주가 한 생명체이요, 개개인은 일원 성리를 소유한 주인공이다. 대종사님께서는 천지 부모 동포 법률의 사은의 관계라고 했다. 그러기에 모든 동포가 한 몸이요 한 생명체이므로 동포를 다 살려야한다. 중생들은 성리를 모르고 거꾸로 떨어져나가 죽을 짓만 하려고 하니 대종사님께서 그것을 방지해주시려고 사은에다 만유가 한 체성 만법이 한 근원으로 착 붙여놓으신 것 같다. 그러니 우리는 성리 공부로 보은의 도리를 잘해야 하겠다.

대산 종사는 '만유가 한 체성이요 만법이 한 근원'의 주인공은 우리들이라고 했다. 우리는 사은으로 돌아가서 성리 공부로 모두를 살려 쓰는 공인임을 자각하도록 했다.

어느 부잣집 머슴이 조실부모한 자신의 신세를 탓하는 것을 집주인이 들었다. 집주인은 마음이 아파 돈 천 냥을 머슴 앞에 내놓으며 물었다. "네 목숨과 이 돈 중 어느 것이 더 중요한가?"라고 하니 머슴이 울면서 "우리 부모 앞에 큰 죄를 지었다."라고 참회했다. 그 머슴은 마음을 고쳐먹고 열심히 10년을 살아 결국 부잣집의 사위가 되었다. 마침내 부잣집 재산도 머슴의 소유가 된 것이다.

조실부모한 머슴은 이 몸을 낳아주신 근본적인 은혜를 망각하고 오직 자신의 신세 한탄만 한 것이다. 집주인은 이 몸을 낳아주신 부모가 은혜임을 깨우쳐 준 것이다. 천 냥의 돈보다 목숨이 중요하다는 큰 가르침이 바로 사은의 은혜이다.

일원의 진리를 넷으로 나누어 본 은혜의 덩치가 사은이다. 사은이 일원 진리로 만물을 총섭하여 살리고 키우고 있다. 곧 사은은 일원의 진리로 우주만물을 살리고 있음을 알 수 있다. 다시 말하면 하나의 진리 덩치를 넷으로 나눈 진리의 은혜가 사은이라는 것이다. 결국 사은은 상생의 이치이자 이로움을 주는 인과의 이利인 것이다.

(4) 사농공상으로 이로움을 경영하자

사농공상 일터에
대소유무 시비이해로 울력하니
형상 없는 진리 에너지가
천지의 우순풍조雨順風調 되어 만물을 살리는 도다.

진리를 깨치고
일머리를 잡으니
근원의 바탕에 모인 힘이
지혜로 솟아 취사가 절로 되어 근심 걱정 없도다.

(5) 장사와 농사보다 마음의 이로움

장사의 이익보다 농사의 이익이 더 높고, 농사의 이익보다 마음 수확이 더 높다. 왜 장사의 이익보다 농사의 수익이 높을까? 그것은 수량이 적은 종자로 씨 뿌리고도 가을이 되어 수십 배, 수백 배의 수확을 얻기 때문이다. 농사의 이익보다 마음 수확이 높은 것은 마음에 성리가 들어 있는 까닭이다. 마음을 잘못 쓰면 함정에 빠져 나오지 못하지만 반대로 마음을 성리로 잘 부려 쓰면 대중이 마음으로 합력하니 수확이 높을 수밖에 없다.

대산 종사는 원심력과 구심력을 예로 들어 삼학 공부를 하자고 했다. 그 법문의 원형을 살려 다음과 같이 소개한다.

> 세상은 돌고 돌아 구심력과 원심력으로 돈다. 구심력과 원심력이 없으면 이 천지가 우당탕 무너진다. 바다의 파도도 역시 구심력이 있어 물방울 하나 지구 밖으로 나가지 않는다. 구심점이 무엇인가? 우주의 구심점 그것은 만법의 근원으로 불생불멸과 인과보응이다. 우리도 우주의 중심을 지켜 흔들림이 없어야 한다. 정확하게 돌아서 중심으로 구심력을 지켜 가는 것이 삼학 공부이다.

우리는 원심력으로 나가려는 마음을 구심력으로 끌어들여야 한다. 원심력과 구심력은 작용과 반작용의 힘이다. 그 힘은 방향이 반대이면서 세기가 동일하다. 원심력과 구심력이 같을 때 평형이 유지되어 균형이 맞는다. 이처럼 마음공부도 밖으로 향하려는 마음을 안으로 끌어당겨 그 힘의 균형을 맞출 때 마음이 평안할 것이다.

다른 사람의 마음을 얻기로 하면 먼저 내 자신 부터 마음을 비워야 된다. 빈 마음에는 다른 사람의 마음이 찾아와 하나가 된다. 그러면 나의 마음대로 남의 마음을 이끌 수 있게 된다.

(6) 진리의 수입으로 일원 진리를 빛내자

간절히 구하는 마음은 스승과 제자를 감동으로 만나게 하고 정신과 육신으로 서로가 이롭다.

서로 구법정신으로 목이 마르고 언제나 마음이 가난하기에 지혜가 솟아나 감동으로 즐겁다.

어머니의 젖으로 아이가 자라듯 진리의 수입으로 생활에 빛이 나려면 성리를 연마해야 한다.

대산 종사는 '겨울에 여름옷을 입어 동상에 걸리거나, 밭에 파종하는 어리석음을 비유하여 때를 모르는 사람이라'는 대종사의 법문을 인용하여 성리 법문을 하였다. 그 법문을 소개하면 다음과 같다.

> 대종사님께서 겨울에 전주를 가셨다. 오는 길에 우스운 일을 많이 보았다 하시며 제자 몇 사람에게 말씀해 주셨다. '아! 어떤 사람은 한 겨울 꽁꽁 언 땅에 씨를 뿌리고, 또 어떤 사람은 한창 추운 날에 삼베옷을 입고 다니며 그리고 한 사람은 한낮인데 쿨쿨 자고 있더라. 참으로 우습다'하신 것은 우리가 시대관 파악을 잘 해야 한다는 것이다.
>
> 대종사님께서 수도를 아무리 잘하고 견성을 아무리 잘해도 시대 파악을 잘못하면 엉뚱한 짓 한다고 했다. 왜 그런 비유를 대종사님께서 남겨주셨는지 우리가 알아야 한다. 겨울에

씨 뿌리는 것은 아무리 해도 소용없는 일이니 일과 이치에 대하여 너무나 모르는 사람이다. 또 겨울에 삼베옷을 입는 것은 동상에 걸려서 자기가 죽는 것이니 이것도 일과 이치를 모르는 사람이다. 한낮인데 밤인 줄 알고 쿨쿨 자는 사람은 때를 모르는 사람이다. 이런 사람들은 본인이 실패해야 알고 추워보고 동상 걸려봐야 알고 밖에서 왁자지껄 일하며 시끄러울 때 밖을 내다보고 한낮인 줄 알 것이다.

우리가 성리를 알더라도 일원 성리로 공부 안하면 무無만 주장하고 공空만 주장하게 되어 꼭 겨울에 삼베옷 입는 사람과 똑같다. 자기만 그런가 하면 남에게도 그럴 수가 있다. 씨를 봄에 뿌려야 하는데 씨를 적당한 시기에 안 뿌린다. 그러면 우리는 어떻게 해야 할까? 소태산 대종사는 사은에 일원 성리로 나타내어 우리가 마음대로 쳐다보고 만지면서 얼마든지 주물러서 사은에다 뿌리게 하셨다.

그리고 한낮인 줄 알아야 한다는 것은 우리 세상을 말한다. 앞으로 세상은 밝은 세상이라 하시면서 일원시대를 말씀하셨다. 즉 하나의 시대와 하나로 가는 역사관, 하나로 되는 진리이다. 그래서 그런 성리에 입각해서 영육쌍전 이사병행 동정일여 등에서 모두 다 해 주셨다. 그러므로 우리가 성리 공부를 하더라도 대종사님께서 왜 일원 성리로 밝혀서 우리로 하여금 신앙과 수행을 하고 훈련을 나서 생활 속에서 성리를 주무르고 마음대로 활용할 수 있도록 하셨으며, 그럼으로서 생사를 초월할 수 있고 인과에도 얽매이지 않게 해서 마음대로 진리를 가지고 놀게 해주셨는가? 성리 공부를 하더라도 그것을 알아야 한다.

옛날과 지금은 다르다. 과거에는 내 종교를 살리기 위해서는 남의 종교를 비방했지만 지금은 그런 시대가 아니다. 그만치 일원상의 진리에 가까워졌다. 앞으로 정치를 하여도 자기 당만 위해서는 존립할 수 없고, 내 나라 본위로 하여도 살 수 없는 세계본위의 시대가 될 것이다. 지금 세상에는 옛날의 구업(舊業)을 주고받으면서 업력 청산을 하려고 싸우지만 그 업들이 차차 없어지기 시작하면 마치 비를 들고 쓸고 닦으면서 청소하듯 밝아지는 시대가 열릴 것이다.

그러므로 이제부터는 다른 사람을 정성으로 위하는 사람이 앞을 열어가게 될 것이다.

(7) 법의 이로움

<원불교 교전>을 비롯하여 여러 교서가 있고, 또한 원불교 교리의 바탕으로 쓰인 여러 서적들도 있다. 깨달음을 목표로 하고 신앙과 수행을 돕는 법으로 만들자.

우리 교법의 정신이 들어간 책과 교법으로 뭉친 회상과 교법으로 무장한 재가출가 교도는 법의 뭉치로 이룹다는 것이다. 그러므로 우리 교법은 이利의 경전이라 할 수 있다.

모두에게 이로움을 주는 법의 근원은 어디에 있을까? 그 근원은 바로 '나'이다. 나라는 존재가 있으므로 천지 만물이 있게 되었으니 나 없이는 한 물건도 없다는 말이다.

여기에 대산 종사의 법문을 찾아보면 다음과 같다.

> 내가 곧 일원의 진리이다. 교리도에 일원은 법신불이니 우주만유의 본원이요 제불제성의 심인이요 일체중생의 본성이라 하였다. 일원은 도道, 자연, 무극, 태극, 법신불이라 하셨다. 무극, 태극은 원만하기 때문에 편착됨이 없다. 도교에는 무시무종한 그 자리를 자연으로 표현하고, 자작自作이 하나도 없는 그 자리, 나중에 만물이 태어난 그 자리를 현빈玄牝이라 표현하고 일원상과 비슷하게 이야기하였다. 현빈은 검은 암소라고 하는데 반야심경에서 말한 공空자리와 같다고 과학자

들이 증명한다. 그 전에는 컴컴하다고 보았다. 물리적으로 보아서 만물이 어디에서 나오느냐 계속 연구해보면 물질의 근원은 텅 빈 검은 배라고 과학자들도 말한다. 노자가 말씀한 현빈은 하나는 둘을 낳고 둘은 셋을 낳고 그래서 만물을 낳는다. 이 말이 다 통용된다. 공空자리에 대한 말도 요즈음은 다 통용된다고 한다.

일원상은 왜 자연의 원리도 되고, 도道의 원리도 되고, 무극의 원리도 되고, 하나님의 원리도 되고, 진리의 원리도 되고 그러느냐? 그것을 알면 우리가 어떻게 되느냐? 천상천하 유아독존도 알고, 독생자를 알고, 전지전능하고 무소부재한 그 자리를 쉽게 알기로 하면 대종사님께서 말씀하신 뜻을 알아야 한다. 우리의 본성 자리다. 일체중생의 본성 자리다. 아! 내 본성 자리가 저 자리구나. 내가 깨치지 못했다고 생각하니까 못 깬 것이다. 진작 깼다. 그런 믿음에 의해서 내 본성 자리가 일체 중생하고 다 한마음 평등한 자리, 차별이 하나도 없어서 너다 나다 할 것이 하나도 없는 그 자리다.

일원의 진리를 믿는 원불교는 현재 법치교단을 추구한다. 진리를 법으로 활용하여 이 세계를 낙원으로 이끌자는 뜻이다. 교법을 응용하여 현실 생활에서 신앙하고 수행하는 법을 소태산 대종사는 <교전>에 두었다. <교전>에 들어 있는 진리와 법을 우리 몸과 마음에 담아 실제 생활에서 소태산 대종사의 교리대로 일원의 진리를 신봉하고 마음공부를 하여 낙원 세계를 이루자는 것이다.

법에 바탕한 교단은 서로에게 도움을 주는 이로운 관계이다. 법의 이로움의 중심에는 항상 '나'라는 존재가 있다. 나는 법이요, 나는 진리라는 자각으로 이 세상 사람들을 몸 낙원과 마음 낙원으로 인도하는 성스러운 과업을 수행하는 소태산 대종사의 제자임을 잊지 말아야 하겠다.

7. 시비이해의 해害

(1) 성리의 대를 향하는 해로움

성리에서 성리의 대大를 향하는 해害가 있고 반대로 성리의 대大에 해害를 주는 해害가 있다. 이 두 가지 중 원불교 성리는 성리의 대大를 찾아주는 해害라고 할 수 있다. 반대로 성리의 대大를 배반하는 중생의 해害는 성리의 대大를 모르는 중생의 해害라고 말할 수 있다.

대산 종사는 계문이 성리 공부와 관련 있다고 다음과 같이 밝혔다.

> 우리가 쉽게 생각할 때 보통급에 탐진치가 있어야 하고 아만심이 있어야 하는 것으로 기초적인 생각을 할 수 있다. 왜 법마상전급에 보통급의 계문이 어찌하여 필요한가? 특신급 첫머리에 '공중사를 단독이 처리하지 말라'고 하고, 아만심과 탐진치, 시기 질투를 왜 법마상전급에 넣었을까?
>
> 이것이 모두 성리 공부와 연결된다. 이런 생각을 많이 해야 계문을 공부할 때 존절하고 간절한 마음이 생겨서 계문 지키는 데에 아주 열심히 한다.

대산 종사는 법문에서 의문을 많이 지적했다. 탐진치가 보통급에 있어야 하는데 법마상전급에 넣은 이유와 견성과는 거리가 먼 보통급 십계문이 있어야 하는 이유를 말이다.

특신급 첫 조항에 '공중사를 단독이 처리하지 마라'를 어찌 하셨나? 아만심과 시기심과 탐진치를 왜 법마상전급 조항에 편성하였는가? 하는 의두가 생긴다.

성리 공부를 하는 사람이면 먼저 견성부터 하고자 한다.

처음 진리 회상에 입교하여 마음공부를 착수하면 견성에 앞서 종교인으로서 일상생활에서 선악을 가려 실천해야 한다는 도덕적 관점을 앞세운 것은 아닌가 하는 외람된 우견이다.

계문과 성리는 어떠한 관계인가? 구성의 본질을 찾아보면 성리는 마음으로 진리의 길을 찾아드는 공부심이고, 계문은 악을 범하지 않으려는 행위이다. 성리의 소에서 중생으로서 진리 회상에 입문을 하였다. 우선 성리보다 계문에 마음이 갈 것이다. 공부를 깊이 하다 보면 성리가 있고, 견성이며 성불제중을 해야 한다는 자각이 서기 때문에 단계적으로 공부 방향을 밝힌 게 아닐까.

(2) 진리는 해로움을 주어 대大자리에 오르게 한다

일원의 위력에는 두 가지 유상과 무상이 있고, 또 무상에도 진급과 강급의 길이 있다. 이를 더 자세히 밝히면 은혜와 해독의 두 길로 자기가 지어서 받는 결과이다. 그러므로 자신이 일원의 진리를 본받아 신앙과 수행의 힘을 얻으면 진급되어 대大에 오르고, 일원의 위력을 얻고 체성에 합한다.

그러나 성리의 대大에 합하지를 못하고 중생의 무리에 떨어져 스스로 해害에 들어가는 경우도 있다. 사생 중에서 악도에 떨어지면 자신이 지은 대로 한없는 고통의 해害를 당한다. 그러므로 소태산 대종사는 대자대비로 온 구류중생을 건져서 성리의 대大에 올라 한없는 미래의 낙원으로 구제하는 길로 성리의 길을 내어 주었다.

대산 종사가 자주 예화로 들어 설법한 인욕선인과 노자와 공자 이야기와 이차돈의 순교에 얽힌 법문을 인용하여 정리하였다.

> 석가세존이 인욕선인으로 대정진할 때의 전생담이다. 가리왕이 사냥을 나갔다가 들어오니 궁녀들이 보이지 않았다. 숲을 샅샅이 뒤져 찾아보니 궁녀들이 수행자를 둘러싸고 있었다. 입정에 들어 있는 부처님의 거룩한 모습을 보고 궁녀들이 산책을 왔다가 외모에 반한 것이다. 가리왕은 흥분해 석가

의 신체를 칼로 베고 팔다리를 잘라버린다. 석가는 그래도 마음에 요동이 없었다. 무유진한無有嗔恨으로 성낸 바가 없었다. 응당 진심과 원한심이 있으련만 그 흔적이 없고 오히려 하늘에서 이를 알고 벼락을 치니 가리왕이 놀라 물러간 일이 있었다.

노자의 제자들이 "선생님께서는 성현이시니 천하를 두루 다니며 어둔 세상 건지심이 좋을 듯합니다."라고 권하니 "나는 성현이 아니다." "그러면 누가 성현입니까?" "나보다 더한 성현 공자孔子가 있다."라고 하며 공자에게 천하를 양보하셨다.

또한 공자가 철환천하撤環天下하던 도중 도척盜拓이가 도적의 무리를 이끌고 칼과 창으로 공자 일행을 에워싸고 길을 열어주지 않았다. 공자 일행은 먹지 못하고 칠팔일이 지나도록 모두 경을 놓고 읽으며, 손에 든 악기로 노래만 부르고 있었다. 이를 본 도척 무리들은 놀라서 그 자리를 풀고 돌아갔다고 전한다.

신라 이차돈異次頓의 아버지는 지금으로 하면 국방장관이었다. 한편 법흥왕은 이차돈이 불법을 믿지 않으면 사위를 삼고 왕위를 물려주고자 하였다. 그럼에도 불구하고 이차돈은 왕명을 어기면서까지 불법을 숭상하였다. 이 죄로 칼을 들어 이차돈의 목을 치니 붉은 피가 하얀 젖이 되어 흘러 내렸다. 이를 보고난 법흥왕은 놀라 불교를 세우게 되었다. 이차돈의 대희생으로 불법을 전하게 되었다.

위의 법문으로 보아 인욕선인은 입정에 들어 있어 가리왕에게 사지가 잘린 고통을 당하고도 화를 내지 않았다. 이미 성리의 대大로 요동이 없으니 당하는 해害를 돌려 성리의 대大를 세운 것이다.

노자는 천하를 공자에게 양보하였지만 공자와 함께 성리의 대大에 올랐다. 공자는 칼과 창 앞에서도 칠팔일을 요동 없이 경전과 악기로 성리의 대를 세웠고, 이차돈은 왕위의 유혹과 죽음 앞에 흔들림 없이 순교하여 성리의 대를 세운 것이다.

성리의 대는 일원상 진리이고 부처님의 성위聖威이다. 성리의 대의 입장에서 보면 일시적인 손해를 주지만 이를 참고 인내하며 감수하고 희생하면 반드시 이로움을 주게 된다.

(3) 우주 생명은 평등하나 해로움은 내가 만든다

우주의 생명은 본래 차별이 없다. 크고 작고, 길고 짧고를 자신이 좋아서 만든 것이다. 수명이 길고 짧음도 자신이 만든다. 이에 따라 좋다, 싫다는 객관적인 판단은 내가 한다. 그러니 자신이 해를 본 것은 곧 상대가 아니고 내가 만든 것이다.

현재는 불행할지라도 자신은 성리의 대大로 올라가야 한다. 신분의성이 여기에 따라야 한다. 원망, 불평, 시기, 질투는 금물이고 오직 자신은 대大를 향하여 진급으로 올라야 한다.

이로움도 해로움도 내가 만든다. 사람들은 해로움을 싫어하지만 해로움을 만들고, 이로움은 다 좋아하지만 이롭지 않는 행동을 한다. 이로움을 만들려면 힘이 드니 수고 없이 쉽게 이利를 구하고자 부단히 힘쓴다. 끝내 운명의 요행수를 바라다가 불의의 악행을 범하거나 영어囹圄의 몸이 되기도 한다. 이를 성리에서 보면 중생은 악도에 떨어지고 강급에서 더 강급으로 타락한다. 이것이 끝이 없으니 지옥 중생이다.

내 주위를 나는 작은 날벌레를 조사해보니 그들이 사는 상태가 바로 무한지옥이다. 작아서 눈에도 잘 보이지 않는 날벌레들의 일생이 너무나 비참하다. 날벌레는 밖에서 썩은 세균을 온 몸에 묻혀 방으로 운반해온다. 먹는 음식에도 달려든다. 방에 둔 과일도 썩게 만든다. 세균만 운반해오는 그들도 작으나 크나 생명의 이치는 다 같은 우주의 하나인 소중한 생명이다.

이같이 삶에 대한 애착은 다 같은데 하루에도 몇 번씩 죽어가는 날벌레가 얄미우면서도 가엽다.

이와 같이 해害로움을 주는 것이 날벌레 뿐인가? 세상에는 날벌레 같은 중생들도 많다. 모두 해롭다고 하지만 우주 생명론으로 보면 모두가 은혜를 주는 대상이다. 해로움과 이로움은 항상 동전의 양면처럼 같이 존재하지만 영원한 해로움과 영원한 이로움은 없는 것이다. 내가 짓고 받는데 달려있기 때문이다.

(4) 해로움은 빛을 찾는 기회

죽는 자는 곧 사는 자이다. 사는 길을 주는 진리의 도움을 외면하지 말자. 죽을 길이 생긴다면 잘 죽는 것도 사는 길임을 알아야 한다. 죽음에 아등바등하는 것은 성리가 아니다. 그것이 진정 진리의 길이라면 달게 수용하자는 것이다.

죽어도 죽지 않고 영원히 사는 길을 제시한 삶은 우리 경전인 <교전>에 있음을 알아야 한다. 그래서 <교전>을 신수봉행信受奉行하여 삶의 지표로 삼는다면 죽는 자는 곧 사는 자가 될 것이다.

대산 종사는 <교전>은 진리를 가장 쉽게 밝힌 것이지만 그중 일상수행의 요법은 가장 쉽고 요긴한 법문이라 하였다. 그 대강을 간추려 소개한다.

> 일원상의 진리는 일체중생의 본성이라 복혜증진의 원동력을 가지고 있으니 우리의 자원이요 자본이다. 그 본성 자리에서 자원을 뽑아 쓰도록 대종사님께서 가르쳐 주신 것이 동그라미 원이라고 했다.
>
> 일원상 진리가 나의 생활을 떠나서 있는 것으로 안다면 할 말이 없지만 대종사님께서 생활을 떠나서는 한 법도 있을 수 없다는 것을 분명하게 밝혀주셨다.
>
> 정산 종사께서 모 학인이 교리를 해석하는데 있어서 과거

경전을 보고 어렵게 인거하는 것을 보고 "대종사님께서 가장 쉽고 빠르게 해놓으셨는데 이놈아, 그러지 마라."고 하셨다. 그것도 일상수행의 요법을 그렇게 어렵게 했으니 말이다.

사람의 죄와 복의 변화를 보기는 어렵다. 현재 그 사람 하는 것과 전에 지어 놓은 것과 그 사람의 지혜와 복덕성福德性 여하에 따라 달라지기 때문이다. 매사가 잘한 것이 아니면 잘못한 것으로 보기에 조심스럽게 살펴본다.

남에게 해害를 보았다고 생각을 하면 긴장이 따른다. 아마도 사람이 가장 예민할 때는 자신이 해害를 보았다고 생각을 하여 마음이 굳어버릴 때이다. 자신에게 조금이라도 손해가 올 것이라 판단하면 순식간에 방어막을 친다. 해害가 다가오면 곧 죽을 것이라 생각하고 지레짐작으로 움츠려드는 것이다.

그러므로 우리는 해害를 두고 성리의 대로 풀기 위해서 마음의 공부를 하여야 한다. 나에게 찾아오는 손해는 어둠이 아니라 빛을 찾는 기회라는 것이다. 그 해害를 마음공부로 삼아 빛으로 돌려야 성리의 대자리에 오를 것이다.

(5) 해로움을 깨쳐 세계를 건지자

사람들은 개인 욕심으로 시비이해는 잘 따지면서 어찌 세계의 시비이해에 깜깜한 밤중인지 모르겠다. 세계 평화가 중요하다고 하지만 세계 본의를 세우지 못하고 있다. 이 세계가 먼저 완전해야 개인 가정 사회 국가와 세계의 질서가 서고 하나의 공동체가 이루어져 하나의 세계가 되었을 때 평화의 세계가 건설될 것이다.

그래서 필요한 것이 먼저 성리의 해害를 깨쳐야 한다. 성리의 해를 깨치면 비로소 세계에 대한 인식이 필요함을 알게 되고 세계를 구제해야 함을 알게 된다.

세계는 하나의 동포라는 인식이 있어야 비로소 세계 평화의 길이 열릴 것이다.

대산 종사는 <대종경> 교의품 23장의 교화하는 법을 인용하여 법문하였다.

> 대종사 말씀하시기를 "나의 교화하는 법은 비하건대 나무의 가지와 잎사귀로부터 뿌리에 이르게도 하고, 뿌리로부터 가지와 잎사귀에 이르게도 하나니, 이는 각각 그 사람의 근기를 따라 법을 베푸는 연고이니라."
>
> 주세불의 위대한 점은 법을 짜실 때 실지 체험하시고 또 스스로 그렇게 적공하신 후 뿌리로부터 잎까지, 잎으로부터 뿌

리에 이르게 하여 어떤 근기라도 쉽게 바르고 빠르게 공부하고 제중하게 한 점이다.

그래서 대종사님을 '일원상 양반'으로 알고 가까이 모시고 하나가 되는 데에는 어디에도 막히고 걸릴 것 하나도 없게 해 주셨기 때문이다. 지금 우리가 이를 생각하여 보면 대종사님에게 하루에 만 번을 절해도 모자랄 것이다.

이 회상 창립시기의 선진들은 소태산 대종사를 일원상 양반으로 호칭하며 받들고 일원상 부처님을 마음에 모시고 살았다. 그처럼 대종사를 모시고 받들고 살았던 초창 당시의 선진들이 그립다. 이처럼 가까이 모시며 찾아뵙고 일원상 진리를 뿌리에서 줄기, 잎사귀와 열매까지 마음대로 막힘도 걸림도 없이 공부한 선진들이 그립고 또 그리울 뿐이다. 우리 선진도 그립고 존경스럽지만 후진들도 반갑다. 어찌 다행 이 회상을 찾아와서 혜복을 구하고 있으니 말이다.

중생의 처지에서 성리의 소小인 우리가 한량없는 고통만을 받을 것 같은 그 시절에 성리의 해害를 청산하고 성리의 대大의 길로 뛰어든 이런 힘은 어디에서 왔을까. 지금까지 수없는 세월 속에서 한없는 고통의 세계를 지내고 무수한 해害의 고개를 넘어 왔을 것이다. 해의 고통이 있을 때마다 감내하며 이 회상을 수호한 힘은 성리의 대大를 찾겠다는 구도 일념일 것이다. 설사 어떠한 해害가 있을지라도 성리의 대大를 만들어 대원정각을 이루겠다는 서원 일념 뿐. 과연, 그 힘은 어디서 왔을까?

제3편

성리 활용

1장

성리기性理氣

성性과 리理와 기氣를 공부하는 사람을 위하여 어원語源을 밝힌다.

<대종경> 성리품 제28장을 보면 대종사 선원 대중에게 말씀하시기를 "사람 하나를 놓고 심·성·이·기(心性理氣)로 낱낱이 나누어도 보고, 또한 사람 하나를 놓고 전체를 심 하나로 합하여 보기도 하고, 성 하나로 합하여 보기도 하고, 이 하나로 합하여 보기도 하고, 기 하나로 합하여 보기도 하여, 그것을 이 자리에서 말하여 보라." 대중이 말씀에 따라 여러 가지 답변을 올리었으나 인가하지 아니하시고 말씀하시기를 "예를 들면 한 사람이 염소를 먹이는데 무엇을 일시에 많이 먹여서 한꺼번에 키

우는 것이 아니라, 키우는 절차와 먹이는 정도만 고르게 하면 자연히 큰 염소가 되어서 새끼도 낳고 젖도 나와 사람에게 이익을 주나니, 도가에서 도를 깨치게 하는 것도 이와 같나니라."

1. 사람을 심·성·이·기로 나눠보라

대산 종사는 만법과 짝하지 않는 자가 내 양반이라고 했다. 그 법문을 재인용하고 정리하여 사견을 달았다.

> 과거 어른들이 많이 이야기해주신 가운데 '만유가 한 체성이요 만법이 한 근원이로다'했는데 우주만유의 본원이요 제불제성의 심인이요 우리 본성 자리이니 곧 우리 본성 자리가 법신불 자리이다. 법신불 자리는 우주만유의 본원이요, 우주만유의 본원 자리는 불여만법 자리이다. 만법과 짝하지 않는 자가 어떤 자냐는 말을 우리는 많이 들었다. 바로 이 양반이다, 저 양반이다 했지만 다른 양반이 아니라 바로 내 양반임을 알아야 한다.

위의 법문으로 보면 사람 하나 속에 심·성·이·기가 들었는데 이 '심·성·이·기'를 낱낱이 나눠보면 이 속에 심心은 마음이고 성性인데 사람의 마음 바탕을 떠나서 또 무슨 법이 따로 있겠는가? 분별심分別心으로 사는 인생이라 희로애락으로 나눠진 마음이지만 본래는 한 마음인 부처를 제외하고는 누가 따로 있겠는가! 본래심 즉 분별이 끊어진 하나의 마음이 성性이다. 성性으로 볼 때 이 성을 떠나서 만유가 한 체성이 따로 없고 만법의 한 근원도 여기 성性을 떠나서 어느 법이 또 있겠는가. 그러므로 위의 법문에서 이 양반이 저 양반이고 저 양반이 이 양반이 되는 뜻이다. 우리가 모두 견성을 하면 그 뜻을 알게 될 것이다.

그러므로 마음의 근원을 찾자면 다음과 같다. 일원상의 진리로 보면 일원상의 진리는 우주의 원리가 됨으로 이 원리는 바로 내 마음의 본래의 성품 자리인 동시에 내 마음 희로애락 분별이 끊어진 자리이다.

그 증거를 살펴보면 성품은 내 마음이 일어나기 이전의 본래의 마음이 바로 성품이 되는 까닭이다. 성품 자리는 일체 분별이 나기 이전이라 좋다 싫다가 없다. 그러므로 논에 심은 벼는 이 논, 저 논의 비록 다른 논에서 수확을 하였지만 결국 벼는 벼요 쌀은 같은 쌀이 되어 하나로 모아지는 이치인 까닭에 심성心性의 원리는 이같이 성性 하나라고 할 수 있다.

다음의 이理는 우주 원리에 따른 이理가 나의 몸과 마음을 바르게 살아가게 하는 이치가 된다.

이 이理의 근거를 대자면 내가 이 사람 저 사람 천만 사람을 만날지라도 똑같이 하나 이理에 맞추어 그 마음을 세워주는 까닭이다.

다음의 기氣는 내 몸과 마음이 이 기氣 하나로 이루어진 것이다. 인간의 어묵동정語默動靜이 모두 이 기운 하나로 살아간다. 즉 나의 생활에 활용하는 기운이라 할 수 있다.

그러므로 마음과 성품의 바탕은 이理의 바탕에서 나오는 기氣가 된다. 그 증거는 내가 천만 가지의 일과 이치를 나투어도 그의 바탕은 이理에서 나오는 기氣를 활용하는 까닭이다.

2. 사람을 심心 하나로 합하여 보라

나의 몸으로 인하여 일어나는 마음과 생각이 있다. 눈으로 상대방을 보고 일어나는 생각이 있고, 귀로 들어서 알고, 코로 냄새를 맡아서 알고, 혀로 몸으로 뜻으로 시비이해를 판단하는 마음이 있다. 즉 이 생각 저 생각을 하다보면 천만 가지 온갖 생각이 일어난다. 어디에서 이 생각들이 나올까? 곧 내 마음에서 나온다. 그러므로 내 마음은 모든 생각들을 희로애락과 그에 대한 정의와 불의 즉 선악을 판단해야 한다. 선善은 우주 원리를 본받는 데에서 나오고, 악惡은 주로 내 몸 하나 욕심을 채우는 데에서 일어난다.

여기에서 대종사는 전체 마음을 한 마음으로 모아보라 하였다. 이 생각 저 생각 전체를 하나 마음이 되도록 합하여 보라 하였으니 어찌하면 되겠는가?

대산 종사의 본성 자리에 대한 법문을 소개하여 이해를 돕고자 한다.

> 대종사님께서 그 자리가 중생의 본성자리이니 이 자리는 내 양반이라 하셨다. 그러니 마음공부를 하는 사람이면 만법하고 짝하지 않는 그 진리(자성)를 가지고 공부할 때에 한 생각이 있으면 안 되고, 한 상相이 있어도 안 된다고 하였다. 저기는 한 말로 말해도 안 되고 상대가 있어도 안 된다 하시고

만유가 한 체성이고 만법이 한 근원인 진리는 초월한 진리요, 절대자리요, 주재하는 진리이다. 그러므로 만법과 더불어 짝하지 않는 자리이다. 또한 분명히 대종사님께서 일체 중생의 본성 자리라 하셨으니 내 마음을 만져 봐야겠다.

위의 법문으로 보면 내 본성이 되는 자리는 분명히 대종사가 밝힌 나의 본성 자리요 내가 양반이 되는 자리이다. 그러므로 나의 이 자리는 한 생각도 한 상相도 없고 만유가 한 체성이라는 그 말도 없는 한 근원이 되는 진리라는 말이다.

한 상대의 한 짝도 없는 이 자리를 대종사는 중생의 본성자리라 하였으니 대산 종사는 그 자리를 깨쳐 만져 보자 하였다.

그러니 우리는 진리를 찾고 마음을 닦아서 깨쳐야 한다. 우리가 많이 쓰는 처처불상도 그저 말만으로 해서는 안 된다. 그저 처처불상을 생각만으로 해서도 아니 된다. 먼저 내 마음을 닦아 견성성불하면 그동안 생각만으로 알아왔던 처처불상이 아닐 것이다.

맑은 데에서, 밝은 데에서, 더 깊고 높고 크고 넓은 데에서 오는 소식이 있다. 이를 알고 깨쳐서 처처불상 해야 몸과 마음에서 나온 진리의 울림이지 않을까?

사람은 이 생각 저 생각 천만이 넘는 생각을 하면서 살아간다. 생각만큼 피로해지고 약해지다 보면 정신이상자가 되기도 한다. 그 사람은 물론이고 마음을 모아서 참되고 바르게 살아가야 할 것이다. 모아서 일심이 되면 일원의 진리에 계합이 되고 마음의 평화도 이루어지고 온전한 마음이 되어 하는 일에 성공을 거두기도 한다. 결국 성리의 대大에 올라 온 중생을 건지는 사람이 되기도 한다. 대大 우주와 소小 우주가 된다. 진리와 같은 사람이 되어 생활을 하면 몸과 마음이 부처로 화한다.

마음을 기른다. 사람이 입정에 들어가면 몸의 기운이 모아져서 하나 되어 몸과 마음을 잊고 우주대기에 합하게 된다. 일심이 되어 안이비설신의眼耳鼻舌身意 육근이 모두 내 한 마음으로 모아진다. 그러고 보면 내 마음 따로 분별 망상이 없이 한 마음으로 모아져서 일심이 된다.

3. 사람의 마음이 성품으로 합하면

성이란 타고난 본성이다. 본래의 마음이라고도 한다. 마음을 닦아 깨치면 그 진리를 알게 된다. 그러므로 대종사는 마음을 모아 성품 하나로 모으면 분별과 주착이 없는 본래의 본성으로 돌아간다고 하였다.

또한 선과 악이 나오기 이전이라, 한 마음으로 모으면 공空이 되고 한 마음을 가지고 일하면 일심이라 하였다. 한 마음도 분별을 끊으면 본래의 성품 자리로 돌아간다. 성품 자리로 돌아가면 그 하나라는 그 마음마저도 없다.

그러면 내 마음은 허공처럼 비어 없다. 여기가 본래 면목이요 참다운 나의 성품 자리이요 불성의 자리가 된다.

경계를 당해서 수행해 갈 때 어떻게 하느냐? 물들지 않고 상相도 안 내야 한다. 상을 내지 않기로 하면 어찌 해야 하느냐? 만법의 근원이 되고 만유의 체성을 내가 그대로 가지고 있어야 한다. 이치를 알고 보면 불생불멸과 인과보응의 이치까지도 다 해결할 수 있다. 또 그 이치를 알면 어떻게 공부해야 하는가? 소태산 대종사는 마음의 경계에 대해서 요란하지도 말아라, 어리석지도 않게 하라, 그르지도 않게 하라고 했다.

이것이 바로 자성에 계합하는 자리요, 성리의 대에 오르는 길이다. 그러니 내가 불생불멸에 합하였고, 인과에 순응하였으니 일원상 진리에 따르면 된다.

정릉교당 허인성 교도가 원불교 신문에서 밝힌 '온라인과 오프라인은 상호 보완적인 관계에서 교법에 기반한 문화 교화'를 해야 한다는 신문 기사를 소개한다.

> "미래 교화는 플랫폼 교화여야 해요. 플랫폼이라고 하면 다양한 이해관계자들이 서로 모여서 서로의 이득을 챙겨가는 곳을 의미합니다. 누구하나 손해를 보면 그것은 플랫폼이 될 수 없어요. 그것이 교당은 될 수도 있겠지만 파급력이 큰 온라인이 주가 되어야 합니다. 그곳을 통해 다양한 생각과 표현이 교류되어야 하죠. 그 속에서 재미, 유익, 보람이 발현되고, 삼학이 날개를 달 수 있도록 하는 것, 그것이 꿈의 모태입니다."

그는 원불교 미래 교화는 플랫폼 교화다. 그 속에서 재미, 유익, 보람이 발현되고 삼학이 날개를 달 수 있어야 한다고 했다. 이것이 바로 상대가 없는 일원교화의 모습이 아닐까. 마음이 성품에 합하면 뭇 조화가 나오듯이 다양한 마음이 모이고 모여 서로 자리이타自利利他한 모습으로 발현되는 세상을 꿈꾸어야 하겠다.

4. 천변만화로 나눠진 이치를 하나로 모아 대아에 합하라

효도의 이理는 우주 구조의 원리와 하나이다. 이 이理 하나로 성리의 대大에 합하면 하나가 된다. 왜냐하면 만사 만물에 존재하는 변화의 원리는 인간의 효도와 하나가 되는 까닭이다. 또한 이 이치는 인간의 본성 자리이고 바로 우주 원리자체와 하나가 되는 이理라 할 수 있다. 그러므로 이 이理는 우주의 근본 원리 자리와 하나의 경지이다. 그러니 이 이理가 우주 만물에 작용하여 대아大我의 경지와 하나로 변화 작용을 이뤄낸다.

이 이치로 우주 전체를 나로 만들면 결국 대아의 자리를 합한다. 이는 내 자신이 소小로서 성리의 대大에 합하면 성불제중은 그 안에 있는 것이다.

재가출가 공동체가 모여 하나 된 원불교도 이런 이치에 속해 있다. 세계 사람들이 모여 함께 사는 지구도 예외가 아니다. 수도하는 도량에도, 중생이 변해 부처가 되는 것도 이理가 바탕이 된다. 이처럼 일체 만물 유정 무정은 모두 이理를 떠날 수 없는 까닭이다.

대산 종사는 누구나 일원의 진리에 오를 수 있는 길이 있다고 다음과 같이 밝혔다.

> 소태산 대종사님께서는 우리 교리 중 삼학으로 공부하면

일원의 진리에 합일할 수 있다고 하셨다. 또한 일상생활에서 요란하지도 어리석지도 그르지도 않는 자성 자리를 경계 따라 세우면 일원상 진리를 체득한다고 하셨다. 일상수행의 요법으로만 공부해도 능히 그 자리에 오를 수 있다고 정산 종사는 밝혔다. 이와 같이 교리로 일원상 진리를 누구나 소유할 수 있도록 하였는데 과정의 한계가 있고 기간에 한정이 있다면 일원상 진리는 아닐 것이다.

일원상 진리에 오르는 것도 이치가 있어 오를 수 있는 것이다. 우주와 만물과 나라는 존재는 어디에서 나왔을까. 원초적인 질문이지만 '나'라는 존재가 없으면 우주도 만물도 없다. '나'가 나온 이치를 안다면 대아에 합할 수 있다.

예전 중국 기杞 나라에 살던 사람이 날마다 하늘이 무너지면 어찌하나, 땅이 꺼지면 어찌하나 하고 걱정한 나머지 먹지도 자지도 못할 지경이었다는 데서 나온 말이 기우杞憂다. 이 세계에는 이 걱정 저 걱정 무수한 걱정이 많다. 중동지방의 IS테러 집단이 불란서를 비롯하여 유럽지방과 미국 등을 불안하게 만들고 있다.

지금도 역사의 흐름을 보지 못한 사람들이 이 세계에 많다. 전쟁과 핵무기와 세계를 위협하고 국지적인 테러로 세상 사람들을 불안에 떨게 한다. 진리에 역행하는 짓이다. 불생불멸과 인과보응의 이치를 모르고 있으니 한심할 뿐이다.

아직까지 세계는 주고받아야 할 업장들이 많은가 보다. 이 업장들을 차차 청산하기로 하고 어찌할 수 없는 고통은 달게 받고 보복하지 않아야 마침내 맑고 밝은 평화는 올 것이다. 우리가 평화의 불씨를 지폈으니 세계 곳곳에서 종자에 싹이 트고 마침내 큰 나무가 꽃피고 열매 거두는 때가 올 것으로 믿는다.

5. 사람을 기氣 하나로 합하여 보라

기를 에너지라고도 한다. 기운, 공기, 바람, 안개, 구름, 증기, 전기 등이 일어나고 꺼짐의 작용도 기의 조화이다. 또한 사람 존재의 오감과 감정, 감상과 욕망, 의지 등 인간신체적 기능을 할 수 있는 것도 기氣의 작용이다. 인간의 심성이기心性理氣의 변화 작용도 이 기氣의 영향을 받아 일어나는 것이다. 이것 뿐만 아니라 한 인간이 이루어진 것도 기의 작용이다.

그렇다면 기氣가 어디에서 왔느냐? 만물에 작용하는 기를 모으면 우주 대기大氣라 할 수 있다. 만물은 우주를 이루고 있는 기가 있고, 하나하나의 기는 원기元氣와 연결되어 대기大機의 영향권에 들어 있다. 이를 다른 말로 일원의 진리라 한다.

뿐만이 아니라 내 한 몸, 눈, 코, 팔, 다리를 사용함도 이 한 기운으로 연결이 되어 있다. 내 한 마음 기운이 아래 단전에 모이면 기단氣丹이라고 한다.

물도 공기도 기운 따라 흐르고 생명도 이 기를 따라서 살고 있다. 초목이 불이 타는 것도 이 화기火氣 때문이다. 맑은 기운을 모으면 부처도 되고, 영웅의 기운을 모으면 영웅이 된다. 덕기德氣를 모으면 덕인德人이 된다. 자비도 수양의 기운이 많이 모이면 자비심이 나온다. 그 덕기, 자비기, 진리기를 모으면 성리의 대大와 하나의 기운이다.

대산 종사의 일상생활에서 방심하지 말 것을 당부한 법문이다.

지금 강의 듣는 이 시간은 어떤 시간이냐? 일원 성리에 대해 작업하는 시간으로 우주 만유의 본원인 일원 성리를 힘차게 궁굴리는 시간도 되고, 우리의 본성 자리를 자꾸만 키우고 힘 타게 하는 시간이 된다는 것이다. 그러니 내가 일상적으로 온전한 생각으로 취사하고 생활 속에서 방심하지 않고 살아야 하는지 명확한 것이다.

대산 종사는 일원 성리를 힘차게 굴리는 마음으로 살아가면 그 사람의 마음 기운도 맑고 밝아지고 마음공부가 잘 되고 취사가 바르게 떨어질 것이다고 했다. 바른 마음 바른 기운으로 하는 일이라면 자연히 사리에 맞게 잘 될 것이다.

우리가 사는 사회의 예를 들어 잡담으로 기운을 풀어 보고자 한다. 신문기사를 보니 IS 테러의 최고지도자 알바그다디(44세)는 '지금 IS는 건재하다며 서방의 공세에 조롱을 한다'고 했다. 이는 마음과 원한을 무기로 하는 기와 기의 싸움이라 할 수 있다.

다음은 문을 닫는 면세점 뒤에는 눈물 쏟는 적지 않은 다수의 실업자가 있다. 면세점 주인도 가슴이 타서 우는데 이제껏 힘을 다한 종업원들이 또 울고 있다는 보도이다.

또 하나는 위안부 협상에 나선 일본 수상 아베는 한국 여성들의 희생은 관심도 없고 국제 사회에만 정신을 쓰고 있다. 그러면 이러한 문제는 곧 사람 마음의 기운도 한몫하고 있다.

이러한 문제를 어떻게 풀어야 하느냐? 세계 평화를 생각하며 재화로 푼다. 그것도 마음에서 나오는 것이고, 그 마음도 진리에서 풀어야 한다. 성리의 대大에서 불생불멸의 진리와 인과보응으로 풀어야 할 것이다.

2장

영기질靈氣質

1. 영靈은 우주의 원리요 마음이다

영기질의 영靈을 말한다. 이 영은 다시 사람에게도 영이 있어 사람의 기와 질을 거느림과 같다. 그러므로 이 우주의 영을 대령大靈이라 하고 인간은 소령小靈이라 부른다.

소태산 대종사의 <대종경> 천도품 5장의 법문이다.

"우주와 만물도 또한 그 근본은 본연 청정한 성품 자리로 한 이름도 없고, 한 형상도 없고, 가고 오는 것도 없고, 죽고 나는 것도 없고, 부처와 중생도 없고, 허무와 적멸도 없고, 없다 하는 말도 또한 없는 것이며, 유도 아니요 무도 아닌 그것이나, 그 중에서 그 있는 것이 무위이화無爲而化 자동적으로 생겨나, 우주는 성·주·괴·공으로 변화하고, 만물은 생·로·병·사를 따라 육도와 사생으로 변화하고, -이하 생략-"

우주의 대령이나 인간의 소령이나 구조의 원리는 하나이다. 영의 본질은 위의 법문에서 밝힌 대로 유도 아니고 무도 아닌 그것이나 그 중에 있는 것이 무위이화 자동적으로 생겨나 우주는 성주괴공으로 돌고, 인간은 생로병사로 도는 것이다. 또한 우주의 진급기에는 성겁成劫에서 주겁住劫으로 들어가고 인간의 진급기에는 자연시대부터 차차 세상이 밝아지고 사람의 지혜도 갈수록 머리가 열리고, 강급기가 되면 반대로 무너지기 시작하여 사람의 지혜도 쇠약해 지는 것이다.

앞으로 돌아오는 세상은 점점 열려가고 마침내 전쟁도 하기 싫어지고 바른 정신의 시대가 돌아와서 낙원 세계도 될 것이다. 따라서 지금까지 이 세계에 없었던 진리의 시대가 전개 될 것이다. 그 시대의 주인은 원불교요, 대종사가 주세불로 우뚝 설 수 있도록 자격을 갖추고 공을 쌓아야 하겠다.

필자는 아흔의 고개를 넘어 이제 백수를 눈앞에 두고 있으니 일생 만고풍상을 겪은 사람이다. 어려서는 할아버지 할머니의 이야기를 들으면서 조선 말 동학농민운동과 단발령과 굴욕적인 한일강제합병도 체감하였다. 제1차 세계대전의 공포와 비극을 듣고 자랐고, 일제강점기의 중심에서 어린 시절을 보냈다. 일본이 만주사변을 일으켜 만주국을 세웠고, 그 후 제2차 세계대전을 겪었다. 1945년 8.15 해방을 거쳐 남북이 분단되어 1950년 6.25 한국전쟁도 몸소 겪었다. 어린 시절 나라를 잃은 슬픔과 전쟁, 청년기에 맞이한 한국전쟁 등 나의 삶은 온통 전쟁 뿐이라 해도 과언이 아니다.

남북 분단의 70여 년의 세월이 흐른 지금 세계 최하위이던 나라가 선진의 길로 들어서고 있지만 여전히 남북의 긴장관계는 오리무중이다. 하지만 소태산 대종사는 한국은 세계의 중심국이 되고 도덕의 부모국이 된다고 우리들에게 희망의 메시지를 주었다. 이제 마음의 세계를 열어 진리의 잣대를 잡고 일어서야 할 때이다.

2. 우주의 기氣와 인간의 덕기德氣

우주가 형성된 것도 기운이요, 해와 달과 무수한 별들 사이의 무한한 공간에 작용하는 것도 보이지 않는 기운이라고 한다. 바람이 불고 구름이 일고 비 내리고 이슬 맺고 서리와 눈이 내려 조화를 부려 만물을 자라게 한다. 별들도 늙고 죽으면 이 끌리어 없어지고 새로 태어난다. 이 같은 조화는 숨었다 나타났다 계절 따라 돌고 돈다.

우주에는 기가 있어 성주괴공으로 돌고 인간들은 심신작용으로 변화하며 살아간다. 우주는 기의 부림으로 만물을 변화시키고 사람들은 덕기로 은혜를 생산한다. 반면 살기, 독기, 노망기로 살아가는 사람들도 있으니 불행할 뿐이다. 이理도 기의 부림이라 하지만 영원한 상극만 초래한다.

대산 종사는 소태산 대종사의 성주 법문을 인용하여 성리 공부를 다음과 같이 밝혔다.

대종사님께서 서울에서 제자들이 박람회에 가시자고 하니까? '오吾는 상시로 고물古物을 보고 있다.'라고 하시니 대중이 묻기에 답하기를 '이 땅이라.'고 말씀하니 '이 땅은 억 천만 년의 묵은 고물이다. 그와 같이 긴 땅, 긴 하늘에 존재한 그것이 곧 불생불멸의 진리니라.'하시다.

만세멸도상독로萬歲滅度常獨露, 이 세상이 천만 번 변화해도 홀로 드러난 것이니 곧 일물一物이 장령長靈이다.

거래각도무궁화去來覺道無窮花, 순환한 도를 깨고 보니 무궁화다. 이 꽃이 곧 원화圓花이니 도를 깨고 보면 곧 무궁화다.

보보일체대성경步步一切大聖經, 성리 자리를 보아 마음을 운용하면 곧 도가 되고 법이 되고 법 도량이 된다. 이 자리를 획득해야 도가 나오고 법이 나오니 이것이 우리의 할 일이다. 나는 여러분에게 도를 다 주고 싶은데 여러분이 꼭 받으려는 준비가 되어야 받아 갈 것이다.

우리가 이 세상을 어찌 살아갈 것이냐? 천지가 우당탕 우당탕 할지라도 홀로 서 있는 사람이 되어야 한다.

일시적인 호감은 만들어서 할 수도 있지만 덕은 마음수양이 많이 쌓여야 나온다. 보보일체 대성경이라 하였는데, 이는 성인의 경지이다. 내 영혼이 맑고 맑아서 하나도 걸림이 없고, 밝고 밝아서 걸림이 없고, 넓고 넓어서 두루 원만구족하여야 대성경이라 할 수 있다.

3. 우주의 질質과 인간의 질質의 광명

“천지만물이나 사람이나 영과 기와 질의 세 가지로 구성된바 영이라 함은 안 보이는 것이나 형상 있고 없는 것을 지배하는 것으로서 천지는 대령이요, 사람은 개령인데 합치면 하나가 되는 것이며, 기라 함은 조화를 나투게 하는 힘으로서 천지에는 사시순환이나 풍운우로상설의 변화를 가리키는 것이고 사람에는 호흡하고 동작하는 것이며, 질이라 함은 이理의 바탕으로서 천지에는 땅이고 사람에게는 뼈와 살이다. 그런데 이 삼합三合이 조화가 잘 되면 천지나 사람이나 이상이 없는데 조화가 잘 못되면 천지에 괴변이 생기고 사람에 병고가 일어난다.”라고 정산 종사의 <한울안 한이치>에서 밝히고 있다.

사람의 몸은 지수화풍으로 이루어진 소우주라고 하고 우주 만물은 대우주라 한다. 우주는 이理의 바탕인 질質이 형체를 나투어 천지는 땅, 사람은 뼈와 살로 그 형각을 유지한다.

천지 만물 허공 법계와 해와 달과 별, 산천초목에서 나는 광명이 있다. 금 은 보석 거울이나 금강석과 지구 등에서 나온 빛이 우주 공간을 비추고 있다. 인간에서 나오는 빛도 있다. 사람은 눈에서 비추기도 하지만 주로 인격의 빛이다. 인격의 빛이란 죽어서도 몇 천 년을 비춘다. 성현이나 부처님의 빛은 찬란하기도 하지만 긴 하늘 긴 땅을 비춘다.

대산 종사는 '영기질靈氣質과 영육쌍전靈肉雙全을 연결하여 성리 연마를 하라'는 법문을 재인용하여 정리하였다.

> 영기질에 대하여 정산 종사님께서 많이 공부하라 하셨다. 그래서 영기질을 성리적 관점에서 연마하고, 영육쌍전 이사병행 동정일여와 연결고리는 어떠한가 생각해 보라. 우리가 일반적으로 영육쌍전을 얼핏 남한테 설명할 때 정의나 개념만 말하고 만다. 영기질과 관련하여 근본적으로 성리와 연결된 영육쌍전임을 간과해 버린다.

대산 종사는 영기질을 두고 영육쌍전과 이사병행과 동정 일여와 연결지어 연구하여 보라 하였다. 영육쌍전을 영기질로 보면서 이 문제를 근본적으로 풀어야 한다. 모두 일원상 진리와 연관하여 풀고, 체와 용으로도 풀고, 결과까지도 푸는 것이 중도를 활용하는 공부법이다.

4. 영기질의 결론

우주나 사람이나 존재하는 자체는 모두 일원의 진리 범주 안에 들지 않음이 하나도 없다. 그러므로 일원의 진리는 이 우주의 원리이다.

영靈은 또 기氣를 가지고 있으며, 또 기氣는 질質을 가지고 있다. 그러므로 우주 만물은 모두 영기질로서 일원의 진리가 되어 우주 만유를 섭리하고 있다.

이름은 각각 다르지만 원리로 보면 모두 하나이다. 하나이므로 영기질의 활용에서도 어느 하나라도 빠지면 안 된다. 이 세계 어디를 가나 어느 일에도 빠짐이 없고, 영에도 맞고, 기에도 맞고, 질에도 맞는 결함 없는 일원상의 진리가 보여야 한다. 크고 작고 곱고 밉고 간에 어떤 사람도 빠뜨리지 말고 보아 차별을 두지 말고 인류를 살려내자. 축생들도 그렇다. 평등으로 보면 축생 모두 빠짐없이 제도를 받도록 하자. 평등의 원칙에서 건져야 하겠다고 서원을 세우자. 영기질의 본원이 되는 일원상의 진리를 이 세계에 내놓자. 우리는 진리를 활용하는 용사가 되기 위하여 공부하는 사람들이다. 모두에게는 영생이 있다. 한 천지와 한 동포요 형제이다. 미운 짓 한다고 버리지 말고 그대로 영생의 동반자로 받들고 보면 아무것도 없다.

원불교는 세계주의이다. 세계주의로 사는 사람이 원불교를 제외하고 보면 몇 사람이나 될까. 종교가를 보자. 내 종교에 모두 빠지고 만다. 정치가를 보자. 모두가 내 정치에 빠진다. 내 집에 빠지고, 내 나라에 빠진다. 세계를 내 몸으로 생각하는 사람과 내 생명으로 보는 사람은 극히 희박하다.

우리 구인 선진님들은 세계를 건지는 일이면 내 목숨 바치겠다고 혈인 서천誓天을 이루시고 법계의 인증을 받았다. 우리도 어찌 다행히 회상에 입문하여 이 큰 뜻을 가졌으니 우리는 앞으로 세계의 복을 받도록 유감없이 이 생명 다 바쳐 일하자.

3장

성리 세계의 전망

소태산 대종사는 오는 세상을 성리로 문을 열었다. 우주를 진강급이 변화하는 성주괴공成住壞空의 역사로 보면 새 세상은 주겁住劫을 바라보는 시대이다. 지금까지 없었던 대 변화가 한 5백 년 사이를 두고 찾아 올 것으로 전망한다.

원불교 창립 1백년의 지난한 시대를 지나 이제 다시 사오백 년의 결복기를 맞이한다는 사실은 대 변화라고 할 수 있다.

과거 1백년의 시간보다 오는 세상은 빠른 속도로 변화하고 상상하지 못할 세계가 전개되리라 예상한다.

소태산 대종사는 선후천 교역기로서 암울했던 선천시대가 가고 밝은 후천개벽의 시대가 열린다고 전망했다. 이 시대는 참 도덕문명이 도래하니 미래 참 주인이 되려면 실력을 갖추라 했다.

소태산 대종사가 전망한 미래세상의 상세한 예언을 언급하지 않더라도 현대 과학문명의 발달을 보고 충분히 전망할 수 있다. 과학문명, 즉 물질문명의 발달은 세계의 유명한 과학자나 미래학자의 추측으로 충분히 설명할 수 있기에 여기에선 성리적인 관점에서 논하고자 한다.

1. 열리는 미래는 희망적이다

앞으로 오는 세계는 그래도 희망적이라 본다. 대체적으로 인류의 의식 세계는 문명사적으로 보아 맑아져 가고 있다고 단언한다. 의식은 진화하고 도덕적 수준도 높아져 갈 것이다. 과거는 씨족의 울을 넘지 못했고, 민족의 울과 종족의 울과 종교의 울을 넘지 못했다. 세계는 지리적 환경적으로 막혔고, 정치 경제 사상 문화도 편협했다. 성자들이 한 때 출현하여 도덕을 주장하였건만 이도 사통오달하지 못했다.

이제 세상은 비록 진통은 있을지라도 차츰 하나의 세계, 평화의 세계로 전환 될 것이다. 대산 종사는 "씨족의 울을 넘어선 우리 부모 형제, 민족의 울을 넘어선 우리 부모 형제, 종족의 울을 넘어선 우리 부모 형제, 종교의 울을 넘어선 우리 부모 형제, 하나로 사세, 하나로 사세, 하나로 사세, 하나로 사세!"라고 노래했다.

앞으로는 지구촌이니 글로벌세계니 하지만 이 하나의 세계만으로도 사오백년 결복기가 도래하면 옹졸하다고 할 것이다. 하나의 대세계주의를 넘어 우주주의로 전환되는 사상의 변화가 올 것이다.

그러나 지금 당장 세계의 화급한 문제는 테러와 전쟁의 위협으로부터 벗어나 평화의 세계를 건설해야 한다. 앞으로의 미래는 그래도 낙관적이고 희망적임을 알고 미래를 개척하자.

2. 새 시대를 열기 위하여

세계는 더 이상 불행한 세계를 원하지 아니한다. 행복하고 평화한 세계에서 살고 싶어 하지만 문제는 지금도 호전적好戰的인 민족과 그들의 지도자와 이를 이용하는 삿된 무리가 있다는 것이다. 세계는 강대국의 정치 경제 사상 등의 장난 짓으로 놀아나고 있다는 사실이다. 비단 강대국만 아니라 그동안 억눌렸던 억압이 때를 만난 것처럼 세계 여기저기서 충돌하고 있으니 말이다.

어느 성자는 과거 세상의 원한과 척을 해원하여야 미래세상은 선경낙원이 될 것이라 했다. 세상은 해원 상생하는 장을 펼쳐 참회하고 반성하면 세계는 서로가 돕는 즐거운 세계가 될 것이다.

노자는 '무기는 상서롭지 못한 물건이라 사람들 모두 싫어하니 군자가 쓸 것이 못된다. 할 수 없이 써야 할 경우는 써야 하지만 이는 부득이한 경우'라 했다. 군인도 없어져야 하고, 무기도 없어져야 한다. 핵폭탄도 물론이고 인류를 구제하지 못한다.

현재 우리나라에서 사용하는 국방비는 정부예산의 15%를 넘는다고 한다. 북한은 30%라는 통계가 있다. 세계 각국도 마찬가지로 국방비로 쓰는 세금이 천문학적이라고 한다. 참으로 그러하다면 그 돈의 몇% 만이라도 줄여 평화비용으로 복지비용으로 쓴다면 세계평화는 앞당겨질 것이다.

소태산 대종사는 원불교를 개교하며 '물질이 개벽되니 정신을 개벽하자'라고 개교의 동기를 천명했다. 개교의 동기가 실현되는 세상을 광대무량한 낙원이라 했다.

대종사가 꿈꾼 낙원시대를 상상해 본다. 죽어서 사는 극락이 아니요 천당도 아닌 현실 세상의 낙원을 그려본다. 미래세상의 사람들의 모습을 상상하니 평화가 저절로 오는 것 같다.

3. 낙원시대 사람들

낙원 세상을 사는 사람들을 상상해 본다. 우주의 원리로 보고, 듣고, 냄새 맡고, 말하고, 몸을 사용하고, 생각할 것이다. 우주의 원리는 원만구족 지공무사하기 때문에 여섯 가지를 조화롭게 갖춘 사람들이 우대받을 것이다.

세상의 문명의 이기도 편리할 것이며, 문화의 수준도 가늠하지 못할 것이다. 상상하는 것은 모두 현실로 나타날 것이다. 신통이적의 부림은 현실이 될 것이다. 낙원 세상을 상상이 아닌 현실로 받아들이니 현재 살고 있는 사람이 미래에 갈 수만 있다면 꿈인가 할 것이다.

원형이정元亨利貞은 천상지도天常之道요, 성리대전性理大全은 이목구비耳目口鼻라 했다. 천도의 네 가지 원리는 춘하추동으로 변화하고, 천리의 이치는 인간의 이목구비 속에 깃들어 있다는 것이다. 낙원시대에 사는 사람들은 온 몸이 성리대전화 하여 나툰 사람임에 틀림없다.

미래를 상상하니 재미가 절로 솟아난다. 대종사 제세 때의 젊은 사람들은 오늘날 선진님들이요, 반대로 초창 당시의 선진님들은 우리 회상의 후진으로 자리바꿈하니 오는 세상이 재미있고 흥미롭지 않은가.

<대종경> 불지품 23장을 보면 "불보살들은 이 천지를 편안히 살고 가는 안주처를 삼기도 하고, 일을 하고 가는 사업장을 삼기도 하며, 유유 자재하게 놀고 가는 유희장을 삼기도 하나

니라."라고 했다.

선후진들이 품바꿈하면서 이 회상을 안주처 삼고, 사업장 삼고, 유희장 삼아 살아간다면 진정 낙원세상이 아닐까. 그런 시대를 꿈꾸어 본다.

4. 성리로 여는 세계

소태산 대종사는 <대종경> 성리품 3장에서 이르기를 "선과 악을 초월한 자리를 지선至善이라 이르고 고와 낙을 초월한 자리를 극락이라"고 하였다.

다시 이어서 "큰 도道는 서로 통하여 간격이 없건마는 사람들은 그것을 알지 못함으로 스스로 간격을 짓게 되나니 누구나 만법을 통하여 한 마음 밝히는 이치를 알아 행하면 가히 대원정각大圓正覺을 얻으리라"고 하였다.

이처럼 대종사는 우리가 기대하는 미래의 새 세계를 성리로 열어야 한다는 점을 밝힌 것이다. 이 세계는 하나의 세계가 되어 평화를 누리며 즐기게 될 것이다. 이러한 세상은 교단의 사오십년 결실기를 지나 교단 100년대를 접어들었으니 사오백년 결복기 안에 만들어 내야만 세계는 낙원에서 즐기게 될 것으로 예상한다.

이 시대는 우주 원리 본위의 진리 시대로 하나의 우주가 되어 즐길 것이다. 또한 그 때가 되면 모두 솔선수범으로 공부하여 자성의 법신을 찾아 마음을 즐기는 세상이 될 것으로 보인다. 결국 낙원시대 사람들은 모두 견성하여 성불을 기약하고 정진을 할 것이다.

이때가 돌아오면 원불교 교역자의 보람은 더 클 것이다. 지금의 종교인들은 자신이 믿는 종교를 앞세워 타 종교를 멀리하며 내 종교를 본위로 하였다. 하지만 이때는 각각의 종교의 이름은 다르지만 진리가 서로 하나임을 인식할 것이다. 그러므로 너와 나라는 관념이 없어지고 모두가 내 집처럼 드나들며 서로가 즐기는 종교의 대동화합의 장이 열릴 것이다.

미래에는 만법귀일의 실체가 보편화 되어 사람들의 마음을 열어 줄 것이다. 어느 국가나 어느 세계에서도 만법귀일로 통용되어 종교와 정치면에서 사회적으로 널리 상식화 될 것으로 믿는다. 그날이 오기까지 성리로 세계의 닫힌 문호를 열려는 운동이 세계를 넘어 우주로 확대해야 한다. 세계주의라는 대전제는 하나의 과정이지 끝은 아니다. 우주주의라는 관문이 기다리고 있으니 세계주의는 통과의례로 보아야 한다. 성리로 여는 세계는 우주의 원리가 기본이기 때문이다.

4장

성리로 활용하는 법문

1. 정전 편편

법문을 성리로 받들자.

일원의 진리는 우주 만유의 본원이며
제불제성의 심인이며
일체 중생의 본성이로다.

일원의 진리는 크기가 끝이 없고
높고도 깊어서 시방에 두루 하여
지극히 맑고 밝아서 다함이 없도다.

우주의 일원법문 무량청정 체 받아
위력을 내려 받아 힘을 써 닦고 보면
맑고도 맑은 진리 힘 따라 이뤄진다.

내 마음 사방팔방 위아래 세우고서
일원불 받아들여 내 마음 하나 되면
하늘땅 조화 자체로 다 부처 되나이다.

마음은 일원이요 몸은 한 형체이라
이 몸의 수행으로 우러러 닦아 가면
진리길 열리면서 거룩한 빛 주나이다.

말없이 도와주는 님의 힘이 높으셔라
몸 마음 가득하니 일원님의 자비신가
날마다 시시마다 불은이 성스럽다.

두터운 업장 녹여 마음청소 되었어라
한순간 한순간 호흡으로 살펴주신
진·강급 계단 위에 길 닦아 주시었다.

삼천대천세계 인연대로 사는 세상
개미는 개미대로 무리지어 살더이다
하늘맘 높이면서 낙원 꿈을 꾸었다.

일대겁 크게 돌면 상전이 벽해인데
높은 자 강급될 때 큰 소리를 하고
강급자 진급될 때에 고분고분하였다.

물과 불 바람일면 하늘 땅도 변화된다,
내 지어 받는 대로 수화풍水火風의 인과 앞에
내 공부 우순풍조로 골라짐을 비나이다.

하늘 땅 내 만들고 나 또한 내 만든다
마음에서 나온 이 몸 큰 부처로 바뀌면
내가 된 내 천하농판이 여기 있소이다.

고통이 심하여 지옥이라 하겠지만
극락과 지옥은 어느 곳에 있을꼬
속마음 즐거우면 죄복 고락 잊는다.

바른길 골라잡아 내 마음이 머물다가
길거리 이매망량 허깨비로 지새는 놈
담보로 잡아놓고 강한 놈부터 제도하리이다.

지극한 정성이면 깨침도 내 맘이라
짚신이 세 벌이고 정한 고기 물을 적에
모아진 힘으로 문머리를 잡으리.

제 공부 없으면 제일 설움 눈물이다
정성이 지극하면 출가재가 구분 없다
한마음 모아 쥔대로 두 손 모아 뛰리다.

내 이룰 견성성불 머리잡고 깨쳐보자
눈에 불 밝혀놓고 우주원리 찾고 보면
법계의 깨침이라 이뤄짐도 쉬우리.

삼명에 숙명 얻고 천안에 누진漏盡이면
육통에 숙명, 천안, 천이, 타심, 신족, 누진이라
누진명과 누진통은 능히 대원정각 뿐이라네.

사상四相은 아상, 인상, 중생상, 수자상이라
끌리면 중생이요 상 없으면 부처이네
초월하여 자유자재면 일원 진리 된다네.

우주의 원리는 하나도 걸림 없다
시간과 지역 풍습 의식도 제 나름이니
불교에 유교 차례대로 따를까.

과거는 배타로 서로 물고 뜯었네
역사는 걸레처럼 이리저리 찢겼지만
원불교 일원 진리를 손잡고 함께 한다.

오늘날 과학혁명 기대 거는 좋은 세상
모두가 우리 부처 원불교 스승이면
소태산 일원불은 함께한 진리이다.

하나라 모두 하나 스승 되어 일해 보자
일원상 진리 안에 너도나도 함께로다
개벽의 하나임으로 중앙 정좌하였네.

평등 중 차별 있고 차별 중 평등이다
천지와 부모는 모두의 법이시라
동포와 법률은 형제로 둥그시네.

부모는 자녀에게 은혜 주는 어버이로
자녀는 부모에게 보은으로 자립하네
부모도 자녀도 공부 영생을 즐깁시다.

진리 향한 뜻으로 믿음으로 수양을 하고
닦음이 어려우면 허물도 많은 것을
아는가 모르는가 닦음으로 막아내자.

부모가 즐기면 자녀도 하는 진리
인과의 피해는 막아야 효孝가 되니
법따라 이룬 간언이면 눈물도 하나이다.

계룡산 정도령 이야기 구전되니
양陽도수 바른 세상 알림으로 깨우고
나라도 세계도 바룸으로 열으리라.

보통급 특신급은 항마가 목표이고
항마위 종사위는 여래가 목표이니
여래위 적공으로 나 없이 오르자.

시해법 쓰는 사람 자유로이 하지만
수양만 적공하면 조각도인 되는 것
사리에 취사 키워서 여래로 감싸자.

과거의 고승들은 좌탈입망하였네
해탈로 생로병사 끌리지 아니하면
불멸의 경지에서 진리 요달 이 아닌가.

출가위 이상이면 불퇴전이 되어도
순역의 경계와 외도外道 경계 너머서
돌이킨 하나 힘이 서 있어야 하리라.

천만층 견성에 수행도 천만이라
날 새어 가든 해가 또 오는 법을 따라
모르게 밝음 오듯 돈오돈수 이 같은가.

2. 대종경 편편

법문을 담아 마음 밝힌다.

큰 산에 깊은 바다면 뭇 생명이 모인다
덕 있고 자비로워 부처 사람 돼오면
수많은 중생이 몸과 마음 의지한다 하오네.

중생이 변하여 반야지로 솟으면
잔인함이 자비되고 인색함이 혜시되니
위력의 광명은 원만한 마음이라네.

공손과 충성으로 섬기는 자의 길이라니
중생을 선량으로 바꿔주면 자비로세
빈병貧病인을 섬기느니 구제함이 높아라.

무념에 무루공덕 나투면 봉공 만행萬行
대회상 사람마다 응법이 장하시니
섬기고 도반 기리는 사람이면 대덕인 아니신가.

제 몸을 상하면서 남 원망하는 사람
제 잡은 칼날에 제 상하는 중생이면
대자비 사생 자부님 보라신다 하셨다.

천만겁! 중생 위해 마음부처 이루고
불보살 제성제현 부려 쓰는 힘이시면
세계를 자재로이 건져가는 부처님이시다.

사물과 처세법도 살리심 다하시고
부처로 일만법 진리대로 법하시고
묵은 법 고쳐가며 새 세계를 만든다네.

중생은 육도윤회 십이인연 끌리고
보살은 천도순응 잘하는 경지라네
부처는 거래승강 만들어 자유이신가.

중생은 희로애락 자타간에 피해주고
보살은 희로애락 자해에도 이利를 주며
부처는 희로애락 자타 모두 이익이라 하셨다.

항마인이면 천인 아수라가 숭배하고
마음을 감추면 이상 도인 아니면 모른다니
자취를 찾지 못하면 그림자가 없는가.

영통은 천지만물 변태 인과를 알고
도통은 대소유무 시비이해를 통하고
법통은 대소유무 시비이해로 쓰신다.

하늘의 살림보다 더 큰 살림 없고
하늘 기운 합한 이보다 더 큰 사람 없다셨네
원불님이 이르시니 일원진리 되라신다.

인간의 육근 동작으로 우주 진리 다하고
활용을 바로 하면 성인이 되심이라
일원불 주인이 되면 거룩하다 하오리.

일원진리 쓰는 사람 없으면 빈 껍질의 세계
깨쳐서 이용하니 대소유무 시비이해라
원리를 잡아 운전하니 일원불이 되시네.

국한이 넓은 불보살 도량이 끝이 없어
있어도 없는 듯 부증불감 여여하네
유무를 가려서 법 이루니 성스러우시다.

재산과 지위가 만족한 인간락은 한 세상
중생은 윤회의 돛을 피할 길이 없어
불보살은 형상 없는 진리락을 즐기신다.

범상한 사람은 국이 좁아 앞날이 없고
원리를 발견하면 원리가 내 것이라
모두를 가진 대로 즐겁게 살게 된다.

본가의 살림 알면 없어도 없어서 좋고
허공에 대지강산 내 살림이 제일이니
경우에 맞는 대로 갖고 씀에 가림 없다.

사람의 몸 돈을 버는 육근이라 모두 괴롭다
돈 있고 없는 수도인은 무심이라 이 마음이면
이가 곧 본분으로 수壽와 복이 가득하다.

가득한 쌀 창고 빈 육대주에 비하리까
성리 대大 지어보니 시비이해 끊어졌다
가득 찬 성리 속을 뉘 알아 견주리까.

무궁묘리 가득한 내 소유 나이로다
주인 된 우주 열쇠 내 손에 들었으니
삼대력 신·분·의·성이 나오라고 하시리.

살림살이 융통融通이라 간격을 대파하면
자유로운 낙원세계 웃음으로 따라준다
몹쓸 것 가림 없으니 버릴 것 하나 없다.

원 이루려는 서원으로 사는 세상
하나의 세계는 우리들의 사명이라
양잿물 써 달라고 사정하러 올 것이다.

불보살 좋은 세상 멋을 찾아 두르니
일하는 즐거움에 걸림 없는 세상이라
한 백년 재미 붙여 선禪 들음이 좋으리.

3. 정산종사법어 편편

마음에 담은 법문으로 이 교단을 살리자.

소태산 일원불님과 정산 종사는 함께 불법연구회를 가꾸었다. 먼저 대종사님 열반에 든 후 일본은 불법연구회의 황도불교화를 꾀하였다. 1945년 7월 정산 종사는 전시 하에 지방교화 시찰이라는 명목을 빙자하여 부산으로 피신했다. 부산 초량교당에 머물면서 법당 벽에 '사은상생지四恩相生地 삼보정위소三寶定位所'라 써 붙이고 시국의 진정을 위해 기도했다. 정산 종사는 1945년 8월 15일 부산 일을 대강 처리하고 열차로 귀관 도중 대전역에서 해방 소식을 듣게 되었다.

광복을 맞아 귀환동포의 전재구호사업을 교단 차원에서 펼치고 1946년 5월 전문적 교역자 양성기관으로 유일학림을 개설하니 원광대학교의 전신이었다. 1948년 '재단법인 원불교'로 등록하고 '원불교'로 정식 교명을 선포했다. 1949년 대종사성탑을 조성하고 '대종사주성업봉찬회'를 조직했다. 1950년 6.25 한국전쟁을 맞아 어렵게 교단을 수호하였고, 유일학림 체제를 원광대학으로 설립하고 남·녀 중고등학교를 설립하여 교육 사업을 전개하였다. 또한 교화 교육 자선사업의 기반을 닦고 기관을 설립하였고, 교서편찬 사업의 기초를 이루는 등 정산 종사는 원불교 교단의 기본이 되는 구조적 요건을 개척하신 성자라고 할 수 있다.

무엇보다 정산 종사는 원불교 교리를 체계화한 교단의 법모라는 점에서 그 공덕은 광대무량하다. 정산 종사의 언행록인 <정산종사법어>는 진리를 여러 각도로 풀어 해석한 법문이다. 법어는 총 15편으로 구성되었다. 그중 국운편과 원리편은 교단의 구조적인 조직과 행정, 신앙과 공부에 관련하여 마음담은 법문으로 이 교단을 어떻게 살렸는가를 살펴본다.

일원상의 진리는 우주구조의 원리로
각 성현의 법종자는 여기에서 나오는데
평화의 뿌리로 인류의 본성이 되라신다.

일체생령 본고향이 어디라고 하올까
돌아갈 곳 찾으면 오는 것도 아는데
열매를 보게 되면 낙원 길을 얻는다.

천지도 추운 겨울 동지에 시생始生이라
정이월 추운 때 다순 봄이 시작되고.
삼사월 동풍 일 때면 봄이 가득하오리.

알뜰한 공심이면 천지기운 돌아간다
사무친 기운일 때 천지도 감응하면
천지인天地人 되는 날에 주인공이 나시리.

돌아올 운수는 거짓 없는 세상이라
사람들 손발 들고 일하지 아니하면
뿌리지 않은 논에 대풍을 기다릴까.

참되고 진실하면 귀한 대접 받는 세상
사리를 바로 해석 진리대로 살아야지
영웅과 권모술수는 멀리 간 옛날이다.

평화는 권리와 이익을 독점하지 않고
명예와 대우를 독점하지 아니하며
기점을 스스로 보고 평화를 이룬다.

대종사 기미년에 상두소리 듣고서
바쁘다 방언마치고 기도하자 하시고
혈인의 구인선배로 음부세계 감응을 얻으셨다.

종교는 때를 알아 지키고 세워간다
진리에 정치 교육 진화 길을 얻어서
새 세상 영원토록 뿌리 내려 주시리.

공부길은 일심을 챙겨 모음으로 살고
나누면 약해짐을 알고
우리는 영겁대사를 여는 설계사이다.

각자의 가슴에 든 장벽을 대파하고
마음의 단결 없이 완전을 바랄쏘냐
중도 의견 받지 말고 조화를 중시한다.

우리의 대의大義 경륜을 밝힌다.

첫째는 대의경륜을 세워야 본말을 얻고
편착의 묵은 원한을 미리 알아
넓게 포용을 해야 아량이 서게 된다.

둘째는 자력확립에 자유선물 감사하고
공평과 자주 편착 다름에 대항 말고
중도로 단결하여 자주력을 확립한다.

셋째는 충의忠義 봉공에 거짓 없는 마음이면
자타를 초월하여 일정하게 이뤄 간다.
거짓을 꾸며들면 나라도 무너짐을 알아야 한다.

넷째는 통제명정統制明正에 지도 권위 없으면
서로가 대장되어 숭배심을 잃나니
무너진 원근친소면 경우 맞게 살리자.

다섯째 눈앞 욕심에 끌리지 말고
명예보다 세계와 국내 대책 세우고
세계와 우주원리 보아 새 법을 짠다.

외국인 마음 얻음 해害됨을 삼가 하라
유익을 삼가하고 기우는 일 짓지 말며
이치로 영원한 이해理解됨을 보아야 한다.

각자 권리 보장하되 한편에 기울지 말고
법에 고집이 과하면 폐단을 불러 온다
우주의 원리 변함을 알아 때를 맞춰서 한다.

국민이 바른 종교 믿음이 박약하면
정신, 통제, 양심, 배양이 떨어져 가니
미신에 빠져서 집착 하면 아니 된다.

교육은 국민 진화의 큰 길이 되고
넓히는 교육기관으로 과학 교육 넓히되
정신을 지향하여 도덕으로 해야 한다.

사람들 마음 살려 일정一定 신信을 높이고
직업 실습 종교 산업 잘해야 한다
근실성 배양하고 원동력의 근원을 다진다.

진화의 길 위하여 공도자를 우대하고
교화 교육 자선에 실적이 발견되면
공익을 살린 사람을 발견하여 더욱 우대한다.

새로운 지견을 여는 사람을 높이고
마음의 새로운 혁명 일으킴을 돕고
교단 미래 열어갈 사람을 찾아야 한다.

대의를 모르고 날뛰는 사람 조심하고
양심 숨기고 형세 따름은 치욕을 못 면한다.
공功을 빙자 사취함은 대중에게 해를 준다.

싸움에 바탕 하면 사상전이 출발되고
뒤에는 힘으로 해결하려는 세력전이 되면
서로 손해 보는 감정의 투쟁으로 변한다.

내 것만 고집하면 고집불통 손해를 보며
내 마음 남에게 팔려 가면 정신없다 할 것이니
자립에 바탕, 밖으로 화합, 장점을 취해간다.

극하면 변한다 양편 만남 없어야 한다
극과 극 부딪힘 없음이 구세의 요법이니
은수恩讎는 빼앗고 줌에서 갈라지는 것이다.

선을 장려하고 공을 대우함은 진화되고
선을 무시하면 퇴보한다 선을 권장하며
공 듦이 행복의 시작이니 분수를 지키자.

훈련이 없고는 실행하기 어렵고
준비가 없고는 성공하기 어렵다
공사를 이기주의에 맡기지 말자.

지도자에 의해서 세상이 바뀌진다
공심이 지극하면 도움을 얻고.
사필귀정에는 모이는 인심이 있다.

낡은 것 가고 새 것 서는 것은 상도常道이고
모두가 새 사람이 되어 합해야 하니
새 세상 사람 몇 살인가 보아라.

4. 대산종사법어 편편

법문을 마음에 담아 자성을 밝히자.

대산 김대거 종사는 대종사와 정산 종사의 사상을 실천적으로 계승 발전시켜 교법의 큰 틀을 확립하였다. 대산종사 탄생 100주년을 기념하여 당대 제자들이 수필受筆한 법문을 모아 교법의 세계화를 목적으로 원기99(2014)년에 편찬 발행하였다. <대산종사법어>는 총 15편 699장으로 구성되어 있다.

그중 편편 법어를 마음에 담아 자성을 밝히고자 한다.

서양은 과학이요 동양은 후천으로 열리고
일원불님 갑자년에 대회상을 여시니
일대겁 원圓회상에 창립불佛이 나왔다.

일원불님 이어 정산종사, 대산종사 차례로
이 회상 함께 우리 모두 나왔다
일대겁 대회상 원불교라 하였다.

수운사水雲師 밝히신 궁을가를 높이 들어
갑자정월초하루 후천개벽십이회라 하고
새 시대 비롯이 돌아왔노라고 하였다

이래서 익산에 일원회상이 자리하셨다.

이때에 일원진리 대운 받는 중심이요
정기 상시 훈련으로 모두 행하니 부처로다
새 땅에 새 하늘 새 문명이 열렸다고 하였다.

국민불공 인류불공 불공의 대운을 받아
밝히고, 열리고, 하나가 되어야 한다
마음공부 잘해야 열려서 운運을 받는다 하였다.

안으로 대각성불 밖으로 제생의세
일원대도 시방세계에 전하자고 하며
우리는 국가도 세계도 성년이라 하였다.

녹슨 몸은 썩는다 단전에 힘을 모아
좌선에 활선을 겸하여 세계를 살리자
혼자보다 공동이면 더욱 힘을 탄다 하였다.

일원불 성자의 도력이 아니면 이 세상 어려우니
모두가 일원화 작업에 들어가자 하고
이제는 교운, 국운, 세계운이 하나라고 하였다.

새 진리 새 기운 타야하고

업장이 두터워 혼자만의 욕심이면 아니 되니
법통을 타고서 차 한 잔을 나누자고 하셨다.

지금의 세계보다 앞선 계획을 세워가면
지중해 문명 물속 깊숙이 들어가서
세계가 하늘 따라 일원세계를 만든다고 하셨다.

이 세계 평화쪽 방향으로 운전대를 돌리자
부처님 하시는 일 기회는 이때이다
세계에 사는 사람은 내 자리를 찾자고 한다 하셨다.

대기실 문을 열면 동양이 먼저이다
서양서 움직이고 세계에서 힘을 잡게 되니
태평양 허리케인의 자리를 잡고 앉도록 하셨다.

정산종사 삼동윤리 발표된 지 6년 만에
한국종교인협의회가 이 땅에서 생겼다
대산, 좌산, 경산, 일어서는 우리이다.

처음은 못난 듯 남이 없고 미약하나
그것이 저력으로 일해 보는 마음 되어
우주원리 힘 받으며 마음세계 이뤄진다.

새 일꾼 새 서원 한맘기운 바로 하고
국가와 세계 교단 난국을 돌려 가면
우리님 돌리는 대로 평화세상 되리라.

한국의 쇳덩이를 풀무간에 달구어
믿음의 훈련도량 방망이로 두드려서
새로 온 부처님을 마음 편히 모시자 하셨다.

어릴 적 보는 세상 변화가 크더이다
시대가 변하더니 얼씨구 좋아졌네
진리는 보임 없이 키워주는 힘이 있다하시고

온 세계 지금은 진급기에 들어있다
변화기 있으므로 성주겁이 따르는지
괴 공겁 변화해도 화풍상주和風常住 되어라.

세계가 만대에 열릴 수 있도록 하여
일원회상 개척에 참예한 우리이다
사람들 제도 받음 기도일꾼이 좋구나.

교단과 재가출가 대세계는 하나이다
지혜도 되는 방향으로 열려져간다
진리를 깨쳐가는 즐거움으로 살아가자.

점점점 풀려간다 해 뜰 시간이 온다
사람들이 새 세상 보는 지혜 따르면
업장도 봄기운 따라서 녹아난다.

미래의 밝은 전망 내다보지 못하면
지도자 자격이 없다 혜두가 열림을 보아라
한 생각 밤과 낮 가리며 내일을 열어가자.

원불교는 마음 살리는 도인들의 모임이다
새 종교 산 불법을 깨쳐 알도록 하자
외국서 성공하면 더 큰 힘이 된다.

우리는 묵은 것 없다 새 시대의 교법으로
재가출가 새 기운으로 힘을 모아 살리고
새 날을 살려내는 훈련이 있어 좋구나.

하루에 한 일 달라짐에 힘이 된다.
혼자는 힘이 드니 대중과 함께 밀자
진리의 힘을 타고 우리 하여 보자.

일원불 대종사님의 법 가졌다
일대겁 대운을 운전할 기운 있으니
바르게 운전 해 가야할 의무 책임 가졌다.

법을 바르게 운전할 우리의 책임 있다. 그를 살리자.

① 수도인에게 진리의 인연 있다. 살리자.

② 일체중생 빠짐없이 포용되어야 한다. 살리자.

③ 뒤에 둘러싸인 인연 인물 있다. 살리자.

④ 삼학과 사은 다듬어진 진리의 인격이 있다. 살리자.

⑤ 법보화로 일원화가 된 사람들이다. 살리자.

⑥ 도가도 정치도 사업도 몇 번 끊기어서 죽을 고비를 넘겨야 여래의 맛을 본 사람들이 된다. 살리자.

내 자신을 알아야 한다.

참으로 일원회상을 알아야 한다.

① 일원대도는 전무후무한 대도요 대회상이다. 살리자.

② 앞으로 이 세상을 구하려는 이 세계에 수많은 종교와 여러 가지의 사상이 나온다.

우리가 하는 일이 얼마나 크고 큰 것임을 알아야 한다. 이들을 일원주의로 살려야 한다. 종교나 도덕가가 아니면 못하는 일이다. 그래야 낙원세계를 이룰 수 있다. 우리는 일원 진리의 정법 회상이다. 아니면 그 뜻을 이룰 수 없고 성공률이 없다. 우리가 하는 일이 얼마나 크고 큰 것임을 스스로 알아야 한다. 이를 살리자.

우리의 책임

우리가 하는 일이 얼마나 크고 큰 것임을 알아야 한다. 후천의 밝은 시대는 원만 평등한 시대이다. 진리와 문文과 무武, 음과 양이 조화를 이루어 성공하는 시대이다 진리를 살려야 한다.

우리 교단은 성현님의 뜻을 따라 상극은 차차 없어지고 상생만 남아 이 지상에 낙원건설이 되어야 한다. 살려야 한다. 평화단란한 한집안을 만들어야 한다. 살려서 만들어야 한다.

언제나 우리 일원주의 대 세계주의의 물은 바다요, 세계는 진리라야 돌아간다. 훈련으로 전력해야 한다. 살려내자.

우리 한국은 세계가 있어 우리를 부른다, 원한다, 바라고 있다. 엎드려 못난 듯이 천천히 해나가자.

우리는 진리종교 도덕훈련이다. 의두를 두고 성리 정기훈련 상시훈련에 중점을 둔 우리 부처 뿐이다.

재가출가 모두가 대종사로 알고, 차분히 엎드려 실력 배양하며 하나의 부처를 나누어 만들어서 부처가 되면 일할 만하니 모두들 건져서 낙원을 만든다.

모두 우리가 하는 부처 회상은 천부처 만성이 모인 일원회상이다.

부처 예수 공자 노자는 선천이고, 선성先聖이 다녀간 수운과 해월과 증산은 선천의 말 후천을 예시하였다.
지난 갑자년을 기점으로 하여 후천이 열리고
이 문을 열고 일원불이며, 정산, 대산으로
시대의 주불로 오시니 천불만성이라 하셨다.

새 시대 여시려고 삼국시대부터
다녀가시면서 토대 이루어내신 인연들이었다.
이때부터 만들어진 지연地緣 인연人緣들이 갖추어져 있다고 하셨다.

미륵산 아래 미륵회상 용화회상이
열리고 일원회상이 열리며 미륵산
아래에 팔만 구 암자가 들어선다고 하셨다.

팔만 구 암자는 수많은 우리이고
교도님 각 가정 기관 교당들이다.
미륵산 아래 천불만성 보라 했다.

창생들의 복문이 열린 우리회상이다
무등등한 대각도인과
무상행의 대봉공인들이 나온다고 하였다.

한국의 6대 종교연합회는
세계종교들 일원화의 서곡이요
이 회상 천여래 만보살의 발아지로 억조창생들이 있다.

개복지開福地가 되면 세계의 성지로 된다.
남다른 종교와 함께 하도록 하고
이해로 주고받음이 되면 하나로 배워 이루어진다.

다 같이 들어주고 다함께 합력해서
만들어준 종교가 하나 되는 것이다
낙원을 찾는 길 그 아니 들어주랴.

미래는 서로가 좋은 교운이 열리는 좋은 시대이다
일원의 주의이다 우리는 주세주라
일원주의로 스승이 되는 교단이요 세계관이다.

확립된 새 시대를 맞는 우리 되어야
세계는 오직 하나 인류는 한 가족이라
알아서 같이 잘 사는 길을 찾아 간다.

성공을 하는 방향으로 하면서 간다.
만고의 천하대도 만고대법으로 알고
우리는 다 같은 하나의 세계 이룬다.

앞으로 대명천지 밝은 세계 만들며
역사가 전해주는 이때의 인도정의는
공정한 법칙대로 이루어져 가는 진리이다.

원불교 훈련이다 우리 몫을 알고가자
밝혀준 일원불의 정기훈련 상시훈련
어디에도 없는 인간개조 우리 뿐이다.

정신은 육신 따라 전 인류 마음개조하고
종교를 벗어나 근본이 하나이라
진리가 우리 깨치도록 하여 준다.

일깨워 주어야하는 우리의 사명은
우리의 할 일이며 우리의 의무로서
소태산 일원불님의 수족이 되어야 한다.

과거의 법신은 옛날로 가고
이제 일원불 진리의 호칭이라
성리가 그러하니 진리대로 불러야 한다.

우리는 천지개벽의 역사를 가졌으니
역사의 주인공이 되어 그 일 하자
다른 것은 생각 않고 말하지도 말자.

우리 회상은 새로운 역사만 이룬다
만물이 밝은 낮에 크는 것 같지만
낮 밤이 없는 것은 우리 회상 뿐이다.

정할 때 마음열고 뿌리기운 돋우면서
동할 때 일심공부 우리 회상 살려왔다
세계도 공부하면 절로 평화 되는 것을.

어려울 때 힘 모아 세계사에 힘쓰라고
부처님 받들어서 일원진리 솟았다.
내 마음 길러서 세계일꾼 돼야지.

한국은 제 스스로 진리의 길을 걸어왔다.
뒷날의 세계역사 우리 보고 써보라니
일원불 한국이라 종교 연합 뭉쳤다.

한때는 외침으로 우리 힘 겨뤄보고
진리가 통한 나라 맞는 투지 살렸다
내일의 세계중심 가슴으로 열어보자.

옛날의 선천 역사 삼황오제三皇五帝로 시작하고
한漢민족 통일의 최초시대 열릴 적에
첫 번 왕 세 사람 삼황三皇이라 하였다.

처음의 임금은 황제黃帝요
다음은 염제炎帝요 셋째가 태호太昊라
처음 임금 황제의 이름은 헌원軒轅이었다.

다음 염제의 이름은 신농神農이요
또 다음 태호太昊의 이름은 복희伏義이며
이어서 오제五帝는 다섯 임금이시었다.

첫째는 황제黃帝요 둘째는 전욱顓頊이요
셋째는 제곡帝嚳이요 넷째는 제요帝堯이며
다섯째는 제순帝舜이었다. 이같이 시작을 하였다.

우주시대가 열리는 지금의 일원세계는
삼원三元에 오성五成이라 하고
정산 종사와 대산 종사는 밝히셨다.

처음 부처님 나실 때 다 짜고 나오니
사오백년 안에 결실이요 결복으로
결과는 지어진다고 하였다.

소태산 일원불님께서 이루시는 개벽은
진리계의 고요한 혁명이요 종교혁명이며
여자 혁명이요 이어서 세계혁명이시다.

소태산 대종사 일원불님은
3천 년 전부터 준비한 일이라 하시고
이 나라에 오시어 고요한 진리와 어울렸다.

과학의 혁명까지 이루었다 하시고
우리 모두 새로 몸 받아 올 때에는
이 세계 각국에서 수양하고 있다가
한국에 다시 오며 큰 법 받으러 간다 하며
기쁜 마음으로 찾아온다.
한국은 다름이 있어 왔음을 밝혔다.

하늘에서 오색 찬란한 빛이 태양을
중심한 원圓이 되어 비춰 내림이 세 번이다
대산 우리 스승님이 밝혀주셨다.

대종사 탄생 백년 행사 중이요
영산서 세계평화 기원식을 올릴 때이요
정산종사 삼동윤리 발표 전날 성탑이라 하였다.

태양이 중심한 원의 서기瑞氣였다.
이러한 현상을 진리적인 것 보다
과학의 차원에서 연구될 날이 올 것이다.

정성의 얼, 진리 뭉침의 힘, 법신의 힘,
형상 없는 진리의 작용을 과학으로
알아보는 그날따라 있으리라.

새로운 과학의 연구길이 있을까?
있다면 어떠한 연구길일까?
성과의 길이 있는 대로 낙원과 연결될까.

우주원리 길이 열리기를 원한다
맑은 마음을 과학에서 푸는 날 있겠지
원리 보는 그 길 우리 삼학으로 풀어진다.

지금에 없는 진리 에너지 측정기
만들어진다면 새로운 전문분야는
새 과학 길이 함께 열린다고 본다.

인간의 두뇌로 발산되는 진리 에너지
계량기 측정으로 계산이 나온다면
에너지 측정량으로 보는 그날을 믿어본다.

대산 종사 법문하여 주셨다
지나간 철학이나 사상은 묵은 것
서서히 물러가고 일원대도 시대라.

결국은 영육쌍전 이사병행 동정일여
무시선 무처선 처처불상 사사불공
정기 상시 훈련을 벗어나지 못할 것.

이러한 사상이 자기들도 모르게 스며든다면
일원대도 천하가 보인다면
세계 대세는 어찌 될까?

우리를 따라주고 보아준다면
자연히 그분들도 새 세계 일꾼으로
세계인류 위하는 사람이 될 것이다.

5. 참마음 찾는 노래

원불교 이 회상 구류중생 건지고자
깨침을 나누자고 세계 대중 살펴보니
파란에 묻힌 중생 신음하는 소리 뿐이다.

헌 의복 걸레처럼 이리저리 찢겨가고
핵무기 폭탄으로 공포 속에 들어있네
사람들 죽겠다하니 이 세계는 괴로워.

머리 돌린 새 세계 사는 길을 열어 보려
우주원리 신앙하고 사실적인 도덕훈련
정신문명 확장하면 물질계가 항복한다.

세계여 너도나도 낙원세계 깨어보자
잠을 깨는 사람마다 나서는 일원진리
본바탕 원리대로 성리가 돌아선다.

머리 서는 사은보은 인생요도 정하고
삼학의 공부로서 수행 길을 열어가니
깨쳐진 사람마다 진리세계 즐기리.

머리에 불붙듯이 이 회상을 열어가자

새 세상 진리 열자
열리는 머리 보고서 우리도 나섰다.

사람이 진리 되는 낙원세계 이뤄보자
인간의 원리 찾아 새 시대를 여는 세상
우리와 함께한 세계라 원圓됨이 좋구나.

낙원의 주겁이 온다 마음을 열자
이 회상 주인으로 우리를 부른다
원상의 기치를 높이고 들어서는 이 세계.

안으로 원리 찾아 파고드니 비고 없다
속에서 낙원의 밝음이 현현으로 비쳐서
한국의 무궁화이다 높일수록 거룩타.

반기자 새 세계 들을수록 진진하다
겹겹이 쌓인 진리 층층마다 거룩하고
맑고도 낭랑함에서 시원함이 앞선다.

찾아야 할 일은 무상 부처뿐이라
결실의 에너지가 사람마다 넘쳐나니
법종자 세계 뿌려서 결복지어 올리자.

원불교 원리에 뿌리한 낙원세계
하늘을 날듯 가는 곳마다 시원하고
밝음의 사람마다 우리 보라 하느니.

일원의 진리는 우주 원리 밝힘이다
소태산 품속에서 모두 모인 인연이라
최초의 교단 구성 출발부터 달랐다.

견성의 별이 빛나 성불의 비롯인가
사람들 말말마다 실행법문 좋아서
우리의 원이라고 하나로 뭉쳤다.

부처님 하신 법문 가슴으로 새겨서
인과에 걸리지 말자! 다져진 마음대로
한 생각 법이 되니 공부로 채워진다.

봄날에 물오르듯 세계 문이 열리는가
일원불의 법을 받아 신앙으로 사업으로
공부로 이루어 진다 우리 여기에 있다.

성장의 열매 좋아 옛사람을 봉대하고
결복에 새사람 되어가는 즐거움으로
일하는 그때마다 한몫 할 인연이다.

오롯한 사람부터 우리 인연 맺어 가면
두터운 신앙부터 닦아 이룬 공덕으로
원기 5세기면 결복세계 되오리.

우리의 교명부터 낙원이라
기쁨의 원불교로 모두모두 살려내면
새 시대 열려간 대로 우리 법이 비치리다.

청풍이 맑아서 맑은 바람 부는 대로
이르는 곳곳마다 핵폭탄도 씻어지고
부도덕 비윤리가 개운하게 되오리.

종교인 부조화면 아니 된다 하고서
문제를 벗어나서 화기로 맺어지면
실천의 교법으로 하나의 길 돼온다.

법열로 앞선 교화 교화단으로 결속하니
둥글게 도는 대로 마음 꽃이 피어나니
이 세계 육대주마다 진리 통한 세상이다.

세계와 원불교는 하나 되어 일원이다
진리를 깨쳐 들고 하나하나 일어나면
훈련이 앞선 우리 보람부터 전해 온다.

마음을 열고 진리 받아 행하도록
종교와 과학 본래처럼 하나가 되고 보면
처음의 가슴부터 성장되어 이룬다.

이 세계 개벽부터 이토록 열려 가고
구하는 마음으로 길을 찾아 행하면
UR 이루는 대로 결복기 실천부터 시작된다.

성리를 몰라서 서로가 멀어 왔나
원불교 성리라야 모두가 통하는 것.
자타를 넘어야 큰길을 알아본다.

과학이 우주 원리 통하면 열리려나?
원불교 성리로 함께 모두 문을 열자
머리 위 원리보고 우리를 찾아보자.

지금껏 서로 몰라 한 고집 세워왔나
바보는 이쪽이라 몰라보면 그만인가
내 쪽을 생각하여 밝음부터 열어라.

본래 사람 성스럽고 거룩하며 강하였다
감사의 원리로 성리가 열린 날엔
세계가 놀라도록 면목부터 달라지리.

공부심 놓지 말고 내 몸을 살려내면
온 세계 대접으로 받아 이룬 공덕이라
한 집의 세계라며 장하다고 하리라.

우리가 가슴 열면 세계 모두 찾나니
보이는 그대로 모두 큼이 드러난다
진리로 공부하면 선두머리 서리라.

닦음이 없으면 얼굴도 모를 건데
저 사람 얼굴 보듯 내 마음 찾아보면
하나로 통하여 함께 사는 동지란다.

모두가 열려 있어 몸과 마음 거둬 잡고
하나로 들어가면 그런 사람 따르면서
보람찬 우리 보고 중심을 잡아 준다.

중앙에 앉아 보던 자리를 보여 준다
진리를 챙겨 주는 특허가 있는 듯이
사람들 종교마다 앞을 서라 하리라.
아끼는 주세종교 은혜로 받아들여
내려 본 상 없으니 기리며 보는 대로
인증을 해주면서 안아줄 우리여.

우리의 바람 원리에서 함께하고
바라는 진리 극치를 보여주며
우리의 에너지를 측정해 보라신다.

과거와 다르게 좋음을 즐기리라
생활이 모두 낙원 생각해 보라 하면
완전히 다르게 챙겨 주는 임들이여!

나의 생각대로 해줌이 장하다고
하나 된 기쁨 한아름으로 안으리라
원불교는 낙원이 선두를 보여준다.

준비가 된 진리시대 기쁘고도 즐거워
재미있어 이뤄짐을 뒤돌아보는 대로
소태산 일원불 따라 서로가 앞을 선다.

좋음을 경탄하다 과거가 생각되면
다시 주장할 새 기운 잡고 일어나서
주세성자 출현함을 우러러 세워 주리.

앞으로 오는 운이 하나라고 하였소
대종사 전망대로 세상을 보라 하면
주세국 한국은 영광 무궁 하오리다.

전망품 들은 대로 대각 거울 비친 대로
모두는 소태산 일원불님 손발 되어
후천계 개벽일꾼 영겁 서원하리라.

세계의 순수와 새 계획의 대의 속에
영세의 다짐을 어이 잊으오리까
대종사 봉래정사 교서 발표 기려가자.

미래의 낙원에서 미리 빚어 보면서
말세의 옛날을 당할 때를 돌아보며
평화 부재 과거를 동정하여 보리라.

5장

시작도 끝도 없는 성리 연마 공부

대大에서 살려는데 소小에서 함께 살자고 목소리를 내고 있다. 소는 대에 합일하여 있는데 대大에서 또 대大를 찾으려 한다. 대大 속에서도 사람 따라 천층만층이기에 공부하면 공부할수록 더 큰 문제가 남아 있다. 항마위 위에 종사위가 있고, 또 여래위가 있다. 여래위에 오른다 해도 세상이 달라져 가기에 그 때를 맞추는 공부는 끝이 없다. 높이 올라 갈수록 공부하지 아니하면 아니 된다. 계속 정진을 해야 한다. 성리의 생활화로 가는 길이 있고, 마음을 평화롭게 지켜야 하므로 계속할 수밖에 없다.

일직심一直心은 대大이요. 마음 연마는 새 마음으로 가는 길이기에 대大가 되어도 졸업이란 없다. 여래위는 어느 경우 그 일에 언제나 만점을 받아야 한다. 소小가 아주 없어질 때까지 가야 한다. 소小가 세상에 남아 있으면 끝이 없다. 그래서 중생은 불보살의 복전福田이요 혜전慧田이 된다. 실력을 갖추면 자유자재 한다. 이 힘으로 하니 성리로 보면 자타自他가 하나이다. 중생의 업력을 벗겨 주려면 내 공부 남의 공부가 따로 없다. 자유자재가 있으니 언제나 내 마음은 자타를 넘어서 이루어지는 자성을 즐긴다. 그러면 남이나 내 마음이 함께 편안하니 더욱 좋다.

소태산 대종사는 교리공부를 교리와 성리를 함께 하도록 했다. 대산 종사는 연구 가운데 "과거에는 성리 의두에 표준하는 주장을 해 왔다. 그러나 대종사님은 성리 의두만 가지고 주장하지 않았다. 염불 좌선 경전 강연 회화 의두 성리 정기일기 상시일기 주의 조행 등 11과목 중에 성리 의두가 있다 하셨다. 또한 묵은 세상 습관에 젖인 사람은 지금도 성리 의두만 해야 한다고 주장하지만 그러나 새 세상에는 이것만 가지고는 아니 되니 똑같이 중요한 과목으로 알고 공부해야 한다."라고 하였다.

공부에서 해독害毒에 넘어가면 안 된다. 해독에 끌리지만 아니하면 이루지 못할 일이 하나도 없다. 그런 일 당하는 대로 원리에 맞게만 하면 된다.

대산 종사에게 받든 법문이다.

"대종사님께서는 당신 앞에 사람이 누가 오나 가리는 일이 없으셨다. 누구하나 막지 아니하시고 또 당신이 아시는 것도 누구에게나 걸림이 없이 사방팔방으로 나가게 되어도 하나도 걸림이 없이 막아 놓을 일이 없으셨다. 또 대종사님께서 법을 설하여 주셔도 뿌리로부터 시작하여 기둥으로 가시고 가지로 잎사귀로 결과까지 나가게 되어 있었다고 하시어 우리가 어떤 방법으로든지 어떻게 하던지 그 법을 찾아갈 수 있었다. 그래서 대종사님을 일원상 양반으로 알고 가까이 가고 어디에도 막히고 걸릴 것이 하나도 없게 해주셨다. 그러지 못하면 우리가 못났다고 생각하였다. 지금 우리가 이를 생각하여 보면 대종사님께 하루에 만 번을 절해도 모자란다."라고 법문하였다.

어느 사람이든 어느 나라이든 무엇을 하나 이 성리의 뜻에 맞추어서 하면 해독害毒을 받을 일이 하나도 없게 된다. 해독, 이것 하나만 아니하면 그 사람 하는 일은 무엇이나 바른대로 길이 열려 사은의 은혜를 받게 되므로 성리의 유무有無 자리에서 구제를 얻게 된다. 그 진리에 맞는 일이라면 실패하는 일이 없을 것이다.

그러면 해독이란 무엇인가? 자신의 인생의 요도를 버리고 공부의 요도에서 해가 되는 일을 범하는 일이다. 계문을 지키지 못하고, 솔성요론을 행하지 못하고, 사은사요 보은행을 버리고 삼학공부를 행하지 아니 하여 흔들리는 마음이다. 그러므로 자신을 위하여 자성의 정定 공부와 자성의 혜慧 공부와 자성의 계戒 공부를 평소에 많이 하여 진리의 저력을 얻고 보면 본인이 하고자 하는 서원이 이루어진다.

수양을 하였으면 무슨 일이나 있는 대로 진리의 힘을 얻게 되니 자신의 의지를 지켜 갈 힘이 생기게 된다.

사리를 연마하여 이루어진 그 공부만 잘 해가면 평소에 지혜의 힘이 길러지고 어둔 곳으로 빠지지 아니한다. 자주력을 세워 밝고 밝은 길로 하고자 하는 일을 세워 갈수 있게 된다. 그 마음으로 기도를 잘하고 보면 나라도 잘 다스려지고 천하도 바로 세워 갈 힘이 나오게 된다.

평소에 내 마음 어둔 데로 흘러가지 아니하도록 힘을 길러 놓아야 정신이 맑고 밝아 일을 당하여 당황하지 아니하고 실수 없이 일을 잘 추진하게 된다.

어려운 경계를 헤치고 성공의 길로 정진해 가야 한다. 그리하면 평소에 쌓아 놓은 힘이 있으니 어려움에도 그를 헤쳐 나아갈 자신의 힘이 생기는 것이다. 이처럼 소小에 끌리지 아니하고 때마다 진리에 맞는 성소작지成所作智를 행하면 성불제중 제생의세는 저절로 되리라 본다.

둥근 맘 둥근 빛 소식

초판 인쇄 2016년 4월 25일
초판 발행 2016년 4월 28일

지은이 이현도
펴낸이 주영삼
교정 · 교열 문향허, 천지은

펴낸곳 원불교출판사
출판신고일 1980년 4월 25일 (제1980-000001호)
주소 익산시 익산대로 501
전화 (063) 854-0784
팩스 (063) 852-0784
홈페이지 www.wonbook.co.kr

인쇄 원광사

값 15,000원
ISBN 978-89-8076-268-2(03200)